NO CENTRO SENTIMOS LEVEZA

Bert Hellinger

NO CENTRO SENTIMOS LEVEZA

Conferências e Histórias

Tradução
NEWTON DE ARAUJO QUEIROZ

Título original: *Die Mitte fühlt sich leicht an.*

2ª edição 2006.
13ª reimpressão 2023.

Dados Internacionais de Catalogação na Publicação (CIP)
(Câmara Brasileira do Livro, SP, Brasil)

Hellinger, Bert
No centro sentimos leveza : conferências e histórias / Bert Hellinger ; tradução Newton de Araújo Queiroz. -- 2. ed. -- São Paulo : Cultrix, 2006.

Título original : Die Mitte fühlt sich leicht an.
Bibliografia.
ISBN 978-85-316-0848-3

1. Autoconsciência 2. Conduta de vida
3. Psicologia aplicada 4. Relações interpessoais I. Título.

06.1348 CDD-158.1

Índices para catálogo sistemático:
1. Autoconsciência : Psicologia aplicada 158.1

Direitos de tradução para a língua portuguesa
adquiridos com exclusividade pela
EDITORA PENSAMENTO-CULTRIX LTDA.
Rua Dr. Mário Vicente, 368 - 04270-000 - São Paulo, SP - Fone: (11) 2066-9000
E-mail: atendimento@editoracultrix.com.br
http://www.editoracultrix.com.br
que se reserva a propriedade literária desta tradução.
Foi feito o depósito legal.

SUMÁRIO

INTRODUÇÃO

Caro leitor

Antes de mais nada, gostaria de esclarecer-lhe como se relacionam e se interligam as conferências e histórias reunidas neste volume. Elas se situam como ápice de um longo desenvolvimento e permitem ver o essencial de meu pensamento e de minha ação até o momento.

No início dos anos oitenta comecei a investigar cuidadosamente o que acontece quando as pessoas alegam estar seguindo a própria consciência. Verifiquei, então, que muitos que apelam para ela dizem e fazem coisas que humilham e prejudicam os outros. Observei, assim, que a consciência não está somente a serviço do bem, mas igualmente do mal.

Com isso, passei a considerar suspeita a alta estima que nossa cultura dedica à consciência. Achei igualmente suspeito que o Iluminismo no Ocidente não tenha feito uma crítica desse conceito, e que muitas idéias religiosas que difundiam medo e terror tenham sido apenas deslocadas para a consciência, onde continuaram intocáveis como tabus.

Com o passar do tempo, reconheci que a consciência é algo comum e instintivo que, à semelhança de outros instintos, desempenha o papel de criar e alimentar relações quando se mantém dentro de certos limites, e falha quando os ultrapassa. Pois, quando vai além dos limites do pequeno grupo, ela justifica os piores crimes e produz efeitos funestos, como vemos nas guerras.

Assim, os nobres fins atribuídos à consciência como uma instância moral foram desmascarados para mim e logo se revelaram como objetivos de um grupo isolado que, com a ajuda da consciência, procura justificar a sua supremacia sobre outros grupos, com todas as conseqüências funestas para as relações entre esses grupos. Havia, portanto, toda razão para investigar mais de perto os efeitos da consciência no interior dos grupos e em suas relações mútuas.

Intimamente associados à consciência estão os sentimentos de culpa e inocência. Também aqui é estranho que muitas ações criminosas sejam acompanhadas por sentimentos de inocência, e muitas boas ações por sentimentos de culpa. Por conseguinte, ficou claro para mim que esses sentimentos só são úteis dentro de determinados limites, e que culpa e inocência não significam o mesmo que bom e mau.

Olhando mais de perto, reparei que culpa e inocência são sentidas de diferentes maneiras e servem a fins diferentes — por exemplo, ao vínculo e à compensação. Esses fins se complementam e também se contradizem às vezes, como acontece, por exemplo, com a justiça e o amor. Pois o que é inocente sob o ângulo da justiça freqüentemente se torna culpa na perspectiva do amor, e vice-versa.

Enquanto eu investigava essas correlações, nasceu aos poucos a conferência *Culpa e inocência nos relacionamentos*. Elaborei-a no decurso de um ano, interrompendo periodicamente a sua redação para coletar e testar novas experiências. Com base nessas luzes, apresentei no ano seguinte uma conferência sobre *Os limites da consciência*.

Quando a pronunciei pela primeira vez, ela ainda estava muito incompleta, pois algumas ligações essenciais ainda não tinham sido percebidas por mim. O estalo aconteceu quando reconheci, no contexto de emaranhamentos que atravessam gerações, que além da consciência que sentimos existe uma outra consciência que permanece oculta e só se atesta pelos seus efeitos. Essa consciência oculta serve a leis diferentes daquelas a que obedece a consciência que sentimos, e freqüentemente infringimos a consciência oculta quando obedecemos à consciência manifesta.

Envolvimentos trágicos na família, bem como muitas doenças graves, psicoses, acidentes, suicídios e crimes, e também renúncias, expiações e medos injustificáveis estão associados a essa tensão entre a consciência manifesta e a consciência oculta, e entre as ordens mais estreitas e as ordens mais amplas a que serve cada uma delas.

Somente quando tais ligações ficaram claras para mim é que pude concluir a conferência sobre *Os limites da consciência*. Em seguida, pude também descrever as ordens em que se baseiam as diversas consciências. Isso aconteceu, um ano depois, com a conferência *As ordens do amor*, que posteriormente completei e ampliei. Na primeira parte descrevo as ordens do amor entre pais e filhos e dentro do grupo familiar*; na segunda, as ordens do amor entre o homem e a mulher e em relação à totalidade que nos sustenta. Aí se mostra como as ordens do amor esbarram em seus limites quando são indevidamente transferidas ao domínio religioso.

Com isso, abordo também algo que, embora esteja em consonância com a estima geral dedicada à consciência, situa-se para além das diversas consciências. É a alma. Nós a experimentamos, ora como algo que nos pertence, por exemplo, na consciência pessoal, ora como uma força que nos dirige de fora, por exemplo, na consciência do grupo familiar. E também a experimentamos, superando em muito esses limites, como uma grande Alma, desvinculada do espaço e do tempo, uma força que nos toma a seu serviço para algo maior.

As primeiras conferências deste livro já continham algo sobre a atuação dessa grande Alma, mas desde então continuei a meditar e a refletir sobre a sua atuação na vida e na psicoterapia. Daí resultou a conferência *Corpo e alma, vida e morte*, que completa as demais e leva a fronteiras que talvez eu não tenha o direito de ultrapassar. Mas convido os leitores a me acompanharem até lá.

Quem está em consonância com o mundo e o aceita tal como ele é, sabe o que prejudica e o que ajuda, o que é bom e o que é ruim. Por estar em sintonia, ele segue esse saber, independentemente das opiniões favoráveis ou contrárias. Ele repousa em seu centro, em

* Acompanhando o uso das edições anteriores de Hellinger, o termo "Sippe" vem traduzido por "grupo familiar", embora a opção por "clã" seja igualmente válida. (N.T.)

equilíbrio, simultaneamente recolhido e dedicado. Nesse centro sentimos leveza. Todas as conferências giram em torno dele, todas conduzem a ele. Nesse centro alcançamos paz e nos sentimos como relaxados e inteiros.

Também as minhas histórias giram em torno desse centro e de uma ordem oculta que, para além dos limites da consciência e da culpa, une aquilo que separa. São histórias terapêuticas. Algumas delas são paródias, que quebram o tabu que nos proíbe de olhar de perto e desmascaram os aspectos falazes ou obscuros de várias fábulas e histórias. Cito como exemplos: *O engano*, *O amor*, *A fé*, *O desfecho* e *Dois tipos de felicidade*.

Outras histórias atuam produzindo em nós o próprio efeito que nos narram, no mesmo momento em que as lemos. Ao lê-las, começamos talvez a nos desprender do passado e a nos centrar para a próxima ação que é exigida de nós. Entre estas histórias incluem-se: *A pousada*, *A volta*, *A compreensão*, *A despedida*, *A festa*.

Outras histórias cresceram comigo, e eu com elas. São histórias que tocam em extremos e nos conduzem, sem medo e sem compromissos, até as últimas fronteiras do caminho do conhecimento. Estão neste grupo: *Dois tipos de saber*, *A plenitude*, *O vazio*, *O mesmo*, *A resposta*, *Os jogadores* e *O não-ser*.

Da mesma forma que as conferências, também as histórias foram surgindo através dos anos e, através de muitas repetições, foram testadas em seus efeitos e aprofundadas. Para este livro elas foram completadas e reagrupadas em três coletâneas: *Histórias que fazem pensar*, *Histórias que mudam rumos* e *Histórias sobre a felicidade*. Nelas é condensado, transposto a outro nível e aprofundado o que é exposto nas conferências temáticas. Por essa razão, as conferências e as histórias se alternam.

E o que inspirou o título deste livro? Contarei uma história a respeito:

Alguém perguntou a um velho mestre: "Como você consegue ajudar outras pessoas? Elas freqüentemente o procuram e lhe pedem conselho em assuntos que você mal conhece. Apesar disso, sentem-se melhor depois".

O mestre lhe respondeu: "Quando alguém pára no caminho e não quer prosseguir, isso não depende do saber. Ele busca segurança onde é preciso coragem, e quer liberdade onde o certo não lhe deixa escolha. E com isso fica dando voltas.

O mestre, porém, não cede ao pretexto e à aparência. Busca o centro e, recolhido nele, aguarda que uma palavra eficaz o alcance, como o navegador que abre suas velas ao vento. Quando alguém o procura, encontra-o no mesmo lugar aonde ele próprio precisa chegar, e a resposta vale para os dois. Pois ambos são ouvintes".

E o mestre acrescentou: "No centro sentimos leveza".

No centro sentimos leveza quando lhe damos o tempo de entrar em vibração. Por conseguinte, ele produzirá mais facilmente seus efeitos se lermos estas conferências e histórias como se as ouvíssemos interiormente.

Desejo-lhe nessa leitura uma compreensão liberadora e aquela leveza que provém da sintonia com o centro.

Bert Hellinger

CULPA E INOCÊNCIA NOS RELACIONAMENTOS

As relações humanas começam com o dar e o tomar, e com o dar e o tomar começam também nossas experiências de culpa e inocência. Pois quem dá tem também direito de reivindicar, e quem toma se sente obrigado.

Reivindicação, de um lado, e obrigação, de outro, constituem para cada relação o modelo básico de culpa e inocência. Esse modelo está a serviço da troca entre o dar e o tomar. Pois doadores e tomadores não descansam até que se chegue a uma compensação, com a inversão dos papéis.

Ilustro isso com um exemplo:

A compensação

Um missionário na África estava sendo transferido para outra região. Na manhã de sua partida recebeu a visita de um homem. Ele fizera uma longa caminhada para se despedir do missionário e oferecer-lhe uma pequena quantia em dinheiro, equivalente a alguns centavos de dólar. O missionário percebeu que o homem queria agradecer-lhe por tê-lo visitado muitas vezes quando estivera doente. Sabia que aquela quantia era uma grande importância para ele. Assim, sentiu-se tentado a devolver-lhe o dinheiro, e mesmo a dar-lhe mais algum. Mas, refletindo, aceitou o dinheiro e agradeceu.

Quando recebemos algo dos outros, por mais belo que seja, perdemos nossa independência e inocência. Pois, ao receber algo, sentimo-nos obrigados em relação ao doador, e em dívida para com ele. Dessa dívida, que experimentamos como desprazer e pressão, procuramos livrar-nos por meio de uma retribuição. Nada se toma sem esse preço.

A inocência, ao contrário, é experimentada como prazer. Nós a sentimos como reivindicação quando demos sem ter recebido ou quando demos mais do que recebemos. E a sentimos como leveza e liberdade quando não estamos obrigados a nada: por exemplo, quando de nada precisamos ou nada recebemos. E, de um modo especial quando, tendo recebido, demos por nossa vez.

Conhecemos três atitudes típicas para alcançar ou manter essa condição de inocência. A primeira é:

Escapar

Alguns pretendem preservar a inocência negando-se a entrar no jogo. Preferem fechar-se a receber, pois não ficam obrigados. Essa é a inocência dos que não jogam, que não querem sujar as mãos e, por isso, freqüentemente se consideram especiais ou melhores. Entretanto, eles vivem com parcimônia e, nessa mesma medida, sentem-se descontentes e vazios.

Encontramos essa atitude em muitos depressivos. Sua recusa em receber se dirige sobretudo a um dos pais, ou a ambos. Posteriormente estendem essa recusa às outras relações e às coisas boas deste mundo. Alguns a justificam alegando que foi errado ou insuficiente o que receberam.

Outros apelam para os defeitos dos doadores para justificar sua recusa em receber. Mas o resultado é sempre o mesmo: permanecem inertes e vazios.

A abundância

O efeito oposto pode ser notado nas pessoas que conseguem tomar seus pais como são, e tudo o mais que eles lhes dão. Experimentam essa atitude como um afluxo constante de energia e felicidade. Ela também os capacita a manter outras relações, onde dão e recebem abundantemente.

O ideal do ajudante

Uma segunda maneira de experimentar inocência é o meu direito de cobrar dos outros quando lhes dei mais do que eles a mim. Essa inocência é geralmente passageira, pois meu direito de reivindicar cessa tão logo recebo do outro. Algumas pessoas, porém, preferem obstinar-se em seu direito de cobrar a se deixarem presentear por outras. Adotam o lema: "É melhor você ficar devendo do que eu". Essa atitude, encontrada em muitos idealistas, é conhecida como o "ideal do ajudante".

Contudo, essa liberdade de obrigação, tão cheia de cobrança, é inimiga dos relacionamentos. Pois aquele que se limita a dar apega-se a uma superioridade que só pode ser transitória, sob pena de negar paridade ao outro. Pois as pessoas logo cortam relações com alguém que não queira receber, retraindo-se ou ficando zangadas. Esses "ajudantes" permanecem solitários e freqüentemente se tornam amargos.

A troca

A terceira e mais bela forma de experimentar inocência é o alívio depois da retribuição, quando igualmente tomamos e demos. Essa alternância entre o dar e o receber se processa entre os envolvidos: quem recebe algo de alguém retribui-lhe com algo equivalente.

O que importa, entretanto, não é apenas a troca mas também o montante que se investe. Um pequeno investimento no dar e tomar traz um pequeno ganho, mas um grande investimento enriquece e é acompanhado por uma sensação de abundância e felicidade. Essa felicidade não nos é dada de graça, ela se constrói. Quando investimos muito, temos uma sensação de leveza e liberdade, e de justiça e paz. Dentre as possibilidades de experimentar inocência, esta é, sem dúvida, a mais liberadora. É uma inocência satisfeita.

Passar adiante

Contudo, esse alívio não é possível em alguns relacionamentos, porque neles existe um desnível irredutível entre quem dá e quem toma. É o que acontece, por exemplo, entre pais e filhos ou entre professores e alunos. Pais e professores são basicamente doadores, enquanto filhos e alunos são primariamente recebedores. É verdade que os pais também recebem algo dos filhos, e os professores recebem de seus alunos. Isso, porém, apenas reduz o desequilíbrio, não o anula. Contudo, os pais já foram filhos e os professores já foram alunos. Eles conseguem compensar na medida em que transmitem à geração seguinte o que receberam da anterior. E seus filhos ou alunos poderão agir da mesma forma.

Börries von Münchhausen visualiza isso em seu poema:

A bola dourada

O que recebi pelo amor de meu pai
eu não lhe paguei,
pois, em criança,
ignorava o valor do dom,
e quando me tornei homem, endureci
como todo homem.

Agora vejo crescer meu filho,
a quem amo tanto
como nenhum coração de pai
se apegou a um filho.
E o que antes recebi
estou pagando agora
a quem não me deu
nem me vai retribuir.

Pois quando ele for homem
e pensar como os homens,

seguirá, como eu,
os seus próprios caminhos.

Com saudade, mas sem ciúme,
eu o verei pagar ao meu neto
o que me era devido.

Na sucessão dos tempos
meu olhar assiste, comovido e contente,
o jogo da vida:
cada um, com um sorriso,
lança adiante a bola dourada,
e a bola dourada nunca é devolvida!

* * *

O que vale para a relação entre pais e filhos e entre professores e alunos aplica-se também a todas as situações em que não é possível compensar pela retribuição ou pela troca. Por outras palavras, podemos aliviar nossas dívidas repassando a outros algo do que recebemos.

O agradecimento

A última possibilidade de compensação entre o dar e o tomar é o agradecimento. Com o agradecimento não me eximo de dar. Às vezes, porém, é a única resposta adequada: por exemplo, por parte de um deficiente físico, de um doente, de um moribundo e, às vezes, também de um amante.

Aqui também entra em jogo, além da necessidade de compensar, aquele amor elementar que atrai e mantém juntos os membros de um sistema social, da mesma forma como a força da gravidade mantém os corpos no Universo. Esse amor acompanha e precede o dar e o tomar, e no tomar se expressa em forma de agradecimento.

Quem agradece está reconhecendo: "Você me dá sem saber se eu poderei pagar-lhe algum dia. Eu recebo isso de você como um presente". E quem acolhe o agradecimento diz: "Seu amor e o reconhecimento de minha dádiva valem mais para mim do que qualquer outra coisa que você possa fazer por mim".

Ao agradecer, não atestamos apenas o que damos uns aos outros, mas também o que somos uns para os outros.

Vou lhes contar uma breve história a respeito:

Sobre o receber

Alguém que foi salvo de um perigo de vida sentia-se na obrigação de agradecer muito a Deus, e perguntou a um amigo o que deveria fazer para que seu agradecimento também fosse digno de Deus. Então o amigo lhe contou esta história:

Um homem se apaixonou por uma mulher e a pediu em casamento. Ela, porém, tinha outra coisa em mente. Certo dia, quando iam atravessar a rua, um carro teria atropelado a mulher se o amigo, com muita presença de espírito, não a tivesse puxado para trás. Então ela se virou para ele e lhe disse: "Agora aceito me casar com você".

"Como você acha que o homem se sentiu?", perguntou o amigo. O outro, porém, em vez de responder-lhe, apenas torceu a boca, em sinal de desagrado.

"Está vendo?", disse o amigo, "talvez Deus sinta o mesmo com relação a você".

E vou lhes contar mais uma história:

Os que voltaram

Um grupo de amigos foi para a guerra. Lá, enfrentaram perigos indescritíveis. Muitos morreram ou ficaram gravemente feridos, mas dois voltaram ilesos.

O primeiro se tornou muito silencioso. Sabia que não merecera a sua salvação e aceitou sua vida como um presente, uma graça.

O outro, porém, se gabava de seus feitos heróicos e dos perigos de que escapara. Foi como se isso não lhe tivesse custado nada.

A sorte

Freqüentemente encaramos uma sorte não merecida como algo que nos ameaça e amedronta. Isso decorre de que secretamente achamos que nossa sorte desperta a inveja do destino ou de outras pessoas. Então, ao aceitar essa sorte, nos sentimos violando um tabu, assumindo uma culpa, aceitando um risco. A gratidão diminui o medo. Mas, para ser feliz, é preciso ser humilde e corajoso.

A justiça

O jogo alternado entre culpa, ou dívida, e inocência é portanto acionado pelo dar e receber e regulado pela comum necessidade de compensar. Quando essa necessidade é satisfeita, a relação pode terminar. Ou então pode ser retomada e continuada, com a renovação do dar e receber.

A troca, porém, não dura, se no decurso dela não se voltar sempre ao equilíbrio. É como o caminhar. Se nos mantivermos em equilíbrio, ficaremos parados. Se o perdermos totalmente, cairemos e ficaremos estirados no chão. E se alternadamente o perdermos e recuperarmos, caminharemos em frente.

Culpa — ou dívida –, como obrigação, e inocência — ou ausência de dívida –, como alívio e reivindicação, estão a serviço da troca. Através delas nos estimulamos reciprocamente e nos unimos no bem. Essa culpa e essa inocência são uma boa culpa e uma boa inocência. Aí nos sentimos em ordem e no controle, e nos sentimos bem.

Perdas e danos

Entretanto, no processo de dar e tomar também existe uma culpa má e uma inocência má: por exemplo, quando quem toma perpetra uma afronta e quem dá é sua vítima: portanto, quando alguém faz algo contra outro, sem que este possa defender-se. Ou quando um toma algo para si, prejudicando o outro ou causando-lhe dor.

Ambos, o autor e a vítima, estão sujeitos à necessidade de compensação. A vítima tem o direito de exigi-la e o autor sabe que está obrigado a dá-la. Só que, desta vez, a compensação resulta em prejuízo para ambos. Pois, consumado o ato, também o inocente planeja maldade. Quer prejudicar o culpado, da mesma forma como foi prejudicado por ele, e causar-lhe um sofrimento, como recebeu dele. Por conseguinte, exige-se do culpado mais do que a simples reparação do dano. Ele também precisa expiar.

O culpado e sua vítima só voltarão a equiparar-se quando tiverem sido igualmente maus, e tiverem perdido e sofrido na mesma medida. Só então poderão reconciliar-se, ter paz e voltar a fazer-se o bem. Ou só então, se o dano e a dor tiverem sido excessivos, poderão separar-se em paz.

Sobre este tema, vou contar uma história:

A *solução*

Um homem contou a um amigo que havia vinte anos sua mulher o recriminava porque, poucos dias depois do casamento, ele a deixou sozinha e saiu de férias com seus pais um mês e meio, pois precisaram dele como motorista. Todas as suas explicações, desculpas e pedidos de perdão tinham sido inúteis.

O amigo replicou: "O melhor que você tem a fazer é dizer-lhe que ela tem o direito de desejar ou fazer algo em seu próprio benefício, que custe tanto a você quanto custou a ela o que você lhe fez naquela ocasião".

O homem compreendeu e sorriu. Agora possuía a chave que também podia fechar.

* * *

Pode assustar algumas pessoas que não se chegue a uma reconciliação nesses casos a não ser que o inocente se zangue e exija expiação. Entretanto, conforme o velho ditado de que uma árvore se conhece por seus frutos, basta vermos o que sucede num caso e no outro para verificarmos o que é realmente bom e o que é realmente mau.

A *impotência*

Também no contexto de perdas e danos a inocência é sentida de diversas maneiras.

A primeira delas é a impotência. O autor age, enquanto a vítima sofre. Julgamos tanto mais culpado o autor e tanto mais grave o seu ato quanto mais indefesa e impotente era a vítima. Após o fato, porém, ela raramente continua indefesa. Pode agir e exigir do culpado justiça e reparação, colocando um ponto final na culpa e possibilitando um recomeço.

Quando a própria vítima não age, outros agem no lugar dela. Porém, com uma diferença: o dano e a injustiça que causam em seu lugar são muito piores do que se a vítima tivesse exigido justiça e se vingado por suas próprias mãos.

Ilustro isso com um exemplo:

A dupla transferência

Um casal já maduro estava participando de um curso de desenvolvimento pessoal. Na primeira noite a mulher sumiu. Só reapareceu na manhã seguinte, quando se postou diante do marido e lhe disse: "Passei a noite com meu amante".

Com outras pessoas essa mulher se mostrava atenciosa e interessada. Só diante do marido ficava fora de si. Os outros não conseguiam entender por que ela era tão má para ele, tanto mais que ele não se defendia nem se exaltava.

Apurou-se que essa mulher, quando criança, era mandada para o campo com a mãe e os irmãos, durante o verão, por ordem do pai. Ele ficava na cidade com sua amante e, às vezes, ia com ela visitar a família. E sua mulher os servia, sem queixas nem recriminações. Ela reprimia sua raiva e sua dor, e os filhos percebiam isso.

Essa atitude, que alguns chamariam de virtude heróica, tem um péssimo efeito. Pois, nos sistemas humanos, a raiva reprimida volta à tona mais tarde, justamente nas pessoas que menos podem defender-se contra ela. Na maioria das vezes, são os filhos ou netos, e eles não chegam a tomar consciência disso.

Nesse caso houve um duplo deslocamento da emoção reprimida. Em primeiro lugar, para um outro sujeito: em nosso exemplo, da mãe para a filha. Em segundo lugar, para um outro objeto: em nosso exemplo, do pai culpado para o marido inocente. Também aqui tornou-se vítima a pessoa menos apta para se defender, porque amava a ofensora. Portanto, quando os inocentes preferem sofrer a agir, aumenta logo o número de vítimas inocentes e de ofensores culpados.

Em nosso exemplo, a solução teria sido que a mãe da mulher se zangasse abertamente com o marido. Aí ele seria obrigado a tomar uma atitude, o que levaria a um recomeço ou a uma clara separação.

No caso presente, nota-se ainda que quando a filha vinga a mãe, ama não somente a ela mas também ao pai. Pois ela o imita, agindo com o marido da mesma forma como o pai agia com sua mãe. Aqui atua, portanto, um padrão diferente de culpa e inocência, no qual o amor cega a pessoa para que não veja a ordem. A inocência impede a pessoa de ver a culpa, de um lado, e suas conseqüências, do outro.

A dupla transferência acontece também quando a vítima não pôde agir depois do ato porque estava impotente.

Sobre esse tema trago mais um exemplo:

O vingador

Um homem de uns quarenta anos, que estava em terapia, receava cometer alguma violência contra outras pessoas. Como seu caráter e seu comportamento não davam indícios disso, o terapeuta perguntou-lhe se houvera violência em seu grupo familiar.

Averiguou-se que seu tio materno fora um assassino. Tinha em sua empresa uma funcionária que era também sua amante. Certo dia, mostrou-lhe a foto de uma mulher e pediu-lhe que fizesse um penteado igual. Depois que ela já tinha sido vista por muito tempo com aquela aparência, ele a levou ao exterior e a matou. Em seguida, regressou a seu país com a mulher da foto, que substituiu a outra como funcionária e amante. Porém o crime foi revelado e ele foi condenado à prisão perpétua.

O terapeuta pediu detalhes sobre os parentes do cliente, principalmente sobre os avós, para saber de onde viera o impulso para o crime. O cliente, porém, não soube dar muitas informações. Do avô nada sabia, e da avó afirmou que era uma mulher piedosa e bem conceituada. Investigando com mais cuidado, o cliente soube que, durante o regime nazista, essa avó denunciou como homossexual o próprio marido, que então foi preso, internado num campo de concentração e assassinado.

Essa piedosa avó foi a verdadeira assassina no sistema, e dela proveio a energia destruidora que se manifestou. Seu filho assumiu o papel de um Hamlet, como vingador do próprio pai, cegado, como Hamlet, por uma dupla transferência. Assumiu a vingança no lugar do pai — e essa foi a transferência do sujeito. Mas poupou a mãe e matou, em lugar dela, a outra mulher que ele amava — essa foi a transferência do objeto.

Então assumiu as conseqüências, não apenas do próprio ato, mas também do ato da mãe. E tornou-se semelhante a ambos: à mãe pelo crime, e ao pai pela prisão.

* * *

Portanto, é uma ilusão acreditar que podemos escapar do mal sob a capa de impotência e inocência, em lugar de reagirmos à culpa do perpetrador, mesmo ao preço de nos tornarmos maus, por nossa vez. Caso contrário, a culpa não terá fim. Quem se submete, sem ação, à culpa do outro não consegue preservar a própria inocência e, ainda por cima, semeia desgraça.

O *perdão*

O ato de perdoar também funciona como substituto de um necessário confronto. Com isso, apenas encobre e adia o conflito, em vez de resolvê-lo. Os efeitos do perdão são especialmente nocivos quando a vítima absolve o perpetrador de sua culpa, como se tivesse o direito de fazê-lo. Para que aconteça uma verdadeira reconciliação, o inocente tem não somente o direito mas também o dever de exigir reparação e expiação. E o culpado não tem somente o dever de assumir as conseqüências de seu ato, mas também o direito de fazê-lo.

Um exemplo:

A segunda vez

Um homem e uma mulher, ambos casados, se apaixonaram. Quando a mulher engravidou, separaram-se dos parceiros anteriores e se uniram num segundo matrimônio. A mulher ainda não tinha filhos, e o homem tinha uma filhinha do primeiro casamento, que ficou com a mãe. Os novos parceiros se sentiam culpados em relação à primeira mulher do marido e à sua filha, e seu maior desejo era que a mulher os perdoasse. Mas ela estava zangada com eles porque tinha pago, junto com sua filha, o preço da vantagem deles.

Quando falaram disso a um amigo, ele lhes sugeriu que imaginassem como se sentiriam se essa mulher os perdoasse. Aí reconheceram que tinham fugido das conseqüências de sua culpa, e que sua esperança de perdão ia contra a dignidade e a reivindicação de todos. Reconheceram que tinham construído sua nova felicidade à custa da infelicidade da primeira mulher e de sua filha, e resolveram atender devidamente às justas exigências delas. Mantiveram, porém, sua nova escolha.

A reconciliação

Entretanto, existe um modo bom de perdoar, que preserva a dignidade do culpado e a própria. Ele requer que a vítima não faça exigências extremas e aceite a compensação e a reparação que lhe forem oferecidas pelo ofensor. Sem esse perdão correto não existe reconciliação.

Vou dar um exemplo:

A experiência do reconhecimento

Uma mulher abandonou o marido e divorciou-se dele por causa de um amante. Muitos anos depois, viu que ainda o amava e lhe perguntou se a aceitaria de novo como sua mulher. Ele não quis se definir, e decidiram consultar juntos um psicoterapeuta.

Interrogado pelo psicoterapeuta sobre o que desejava dele, o homem respondeu: "Desejo apenas uma experiência de reconhecimento". O terapeuta disse que seria difícil mas se esforçaria por consegui-la. Então perguntou à mulher o que ela oferecia ao homem para que a aceitasse de novo como sua esposa. Mas ela imaginara que isso seria excessivamente simples, e sua oferta careceu de apelo. Não admira que não tenha impressionado o ex-marido.

O terapeuta mostrou a ela que precisava reconhecer que o fizera sofrer e que ele tinha necessidade de sentir nela a vontade de reparar a injustiça cometida. A mulher refletiu um pouco, olhou o marido nos olhos e disse: "Sinto muito pelo mal que lhe fiz. Por favor, aceite-me de novo como sua mulher. Eu o amarei e cuidarei de você. E você pode confiar em mim para o futuro".

Mas o homem continuou impassível. O terapeuta o encarou e lhe disse: "O que sua mulher fez naquela época deve ter-lhe feito muito mal, e você não quer sentir isso de novo". Então brotaram lágrimas de seus olhos. O terapeuta continuou: "Uma pessoa a quem foi infligido tanto mal sente-se moralmente superior à pessoa culpada. Por isso, pode reivindicar o direito de rejeitá-la, como se não precisasse dela. Contra tal inocência o culpado não tem chances".

O homem sorriu, como se sentindo apanhado. Então voltou-se para sua mulher e a olhou com carinho.

O terapeuta disse: "Esta foi a experiência do reconhecimento. Custa cinqüenta marcos. E agora desapareçam, e não vou querer saber o que resultou disso".

A *dor*

Quando uma culpa provoca o fim de alguma relação do ofensor, achamos que ele agiu com independência e livre-arbítrio. Entretanto, caso não cometesse a ofensa, talvez tivesse de sofrer uma humilhação e poderia reivindicar o direito de ficar ressentido com a outra pessoa.

Muitas vezes, o ofensor procura pagar pela separação sofrendo com ela a ponto de contrabalançar a dor da vítima. Talvez ele só pretenda abrir para si, com a separação, um espaço novo ou mais amplo, e sofra porque só o conseguirá causando dor ou dano ao parceiro.

Entretanto, numa separação, não é apenas o ofensor que tem a chance de um recomeço. Também a vítima tem, de repente, novas possibilidades. Mas, quando ela se fecha a isso e se obstina em sua dor, dificulta ao outro seguir um novo caminho. Apesar da separação, ambos permanecem amarrados um ao outro.

Quando a vítima percebe a chance de um recomeço, proporciona liberdade e alívio ao ofensor. Talvez seja essa a maneira mais bela de perdoar porque reconcilia, mesmo que a separação perdure.

Entretanto, quando a culpa e os danos cresceram a ponto de se transformarem num infortúnio, só haverá reconciliação se houver uma total renúncia à expiação. Essa é uma forma humilde de perdoar, uma aceitação humilde da impotência. Ambos, a vítima e o culpado, submetem-se a um destino imprevisível, colocando um ponto final na culpa e na expiação.

Bom e mau

Gostaríamos de dividir o mundo em dois: um que possui o direito de existir e outro que, embora exista e atue, não possui esse direito. O primeiro denominamos bom ou saudável, salvação ou paz. O outro denominamos mau ou doente, desgraça ou guerra, ou lhe damos qualquer outro nome. A razão é que chamamos de bom ou benéfico o que é leve para nós, e de mau ou maléfico o que nos é pesado.

Contudo, olhando com atenção, vemos que a força que faz avançar o mundo baseia-se no que chamamos de pesado ou mau. O desafio para o que é novo provém do que gostaríamos de eliminar ou excluir.

Assim, quando nos esquivamos do que é pesado, pecaminoso ou agressivo, perdemos justamente o que queríamos conservar: nossa vida, nossa dignidade, nossa liberdade, nossa grandeza. Somente aquele que se defronta com as forças obscuras, e as aceita, permanece em contato com as próprias raízes e com as fontes de sua força. Tais pessoas não são simplesmente boas ou más. Estão em sintonia com algo maior, com sua profundidade e força.

O que nos pertence

Existem coisas más ou pesadas que nos pertencem a título de destino pessoal: por exemplo, uma doença hereditária, circunstâncias penosas de nossa infância ou culpas pessoais. Quando aceitamos o que é pesado e o incorporamos à realização de nossa vida, isso se torna para nós uma fonte de força.

Quando, porém, nos rebelamos contra esse destino, por exemplo, contra um ferimento de guerra, ele rouba força de nosso destino. O mesmo vale para a culpa pessoal e suas conseqüências.

O que não nos pertence

Nos sistemas familiares, freqüentemente, uma outra pessoa assume o destino rejeitado ou a culpa recusada por alguém. Isso tem efeitos duplamente nefastos.

Um destino alheio ou uma culpa alheia não nos dá força, pois só são capazes disso o nosso próprio destino e a nossa própria culpa. Ao mesmo tempo, enfraquece-se a própria pessoa cujo destino ou cuja culpa assumimos, pois eles também perdem força para ela.

O destino

Sentimo-nos culpados também quando o destino nos beneficiou à custa de outros, sem que o pudéssemos impedir ou mudar.

Por exemplo: ao nascer alguém, sua mãe morre. Sem dúvida, ele é inocente, e ninguém poderá responsabilizá-lo por isso. Mas o conhecimento da própria inocência não o alivia. Por se sentir ligado pelo destino à morte de sua mãe, jamais se livra do peso da culpa.

Um outro exemplo: alguém dirige seu carro quando estoura um pneu. O carro derrapa e se choca com outro. O segundo motorista morre, enquanto o primeiro se salva. Embora não tenha culpa, sua vida ficou enredada com o sofrimento e a morte do outro. Apesar da comprovação de sua inocência, sente-se culpado.

Um terceiro exemplo: um homem contou que, no final da guerra, sua mãe, que estava grávida dele, viajou para buscar o marido num hospital militar e trazê-lo para casa em segurança. Na fuga, foram ameaçados por um soldado russo e o mataram para se defender. Embora tenham agido em defesa própria, sentem-se agora — inclusive o filho — permanentemente culpados, pois estão vivendo, ao passo que o outro morreu no cumprimento do dever.

Em face da culpa ou da inocência imposta pelo destino sentimo-nos absolutamente impotentes; por isso nos é tão difícil carregá-la. Se tivéssemos culpa ou merecimento, teríamos também poder e influência sobre isso. Mas o que sentimos é que, tanto no mal quanto no bem, estamos entregues a um destino imprevisível que, independentemente de sermos bons ou maus, decide sobre nossa morte ou vida, salvamento ou desgraça, felicidade ou perdição.

Essa impotência imposta pelo destino apavora muitas pessoas a tal ponto que preferem abrir mão da felicidade ou da vida que receberam a aceitá-la como uma graça. Freqüentemente, elas tentam mais tarde invocar um mérito ou uma culpa pessoal, talvez para fugir da sensação de estarem sujeitas a uma salvação imerecida ou a uma culpa indevida.

O padrão habitual de reação a uma culpa imposta pelo destino é que a pessoa que foi beneficiada à custa de outra limita essa vantagem ou abre mão e se desfaz dela, por exemplo, através do suicídio, de uma doença ou de uma culpa pessoal pela qual é punida.

Tais soluções, associadas ao pensamento mágico, são formas infantis de lidar com uma sorte imerecida, pois na verdade não diminuem a desgraça, antes a aumentam.

Por exemplo, quando um filho, cuja mãe morreu de parto, limita a própria vida ou comete suicídio, o sacrifício dessa mãe foi inútil. E ela ainda se torna, de certo modo, responsável pela desgraça do filho.

Se, porém, ele diz a ela: "Querida mãe, se você perdeu sua vida com o meu nascimento, que isso não tenha sido em vão. Farei algo de minha vida, em sua memória" — então a pressão da culpa imposta pelo destino se torna um motor para sua vida, tornando essa pessoa capaz de ações que outras não teriam a força de realizar. Nesse caso, o sacrifício da mãe produz um efeito bom para além de sua morte, reconciliando e criando paz.

Em casos como esse, todos os envolvidos sofrem uma pressão para compensar. Pois quem recebeu algo do destino também quer dar algo em troca. Caso não possa fazê-lo, quer ao menos privar-se de algo equivalente. Mas a maneira como se costuma proceder nesses casos leva à frustração, pois o destino não se importa com nossas exigências, reparações e expiações.

A humildade

O que torna a culpa imposta pelo destino mais difícil de suportar é a sensação da própria inocência. Se eu fosse punido quando culpado e salvo quando inocente, poderia supor que o destino obedece a uma lei e a uma ordem moral. Poderia influenciá-lo e dirigi-lo por meio da minha culpa ou da minha inocência. Mas se sou salvo, independentemente da minha culpa ou inocência, enquanto outros perecem, tanto inocentes quanto culpados, então eu me sinto totalmente entregue a esses poderes e inelutavelmente confrontado com a impotência que o destino impõe à minha culpa e à minha inocência.

Resta-me, como única solução, submeter-me e conformar-me voluntariamente ao contexto de um poder superior, seja para minha felicidade ou para minha desgraça. A atitude em que se baseia esse comportamento eu chamo de humildade. Ela me permite aceitar a minha vida e a minha sorte pelo tempo que durarem, independentemente do preço que outros pagaram por elas. Ela também me leva a aceitar a minha morte e um destino difícil quando tocar minha vez, sem relação com a minha culpa ou inocência.

Essa humildade leva a sério a experiência de que eu não comando o destino, mas ele a mim. Ele me acolhe, sustenta e deixa cair, de acordo com leis cujo mistério não posso nem devo desvendar. Essa humildade é a resposta adequada à culpa e à inocência impostas pelo destino. Ela me torna igual às vítimas, equipara-me a elas. Ela me permite honrá-las, na medida em que não rejeito ou limito o que recebi à custa delas, mas justamente o aceito com gratidão, apesar do alto preço que custou, e depois transmito algo disso a outras pessoas.

* * *

Hoje ative-me à culpa e à inocência no processo de dar e receber. Entretanto, elas possuem diversas faces e atuam de diferentes maneiras. Pois os relacionamentos humanos são uma articulação de várias necessidades e ordens, que procuram se impor por meio de diferentes sentimentos de culpa e inocência. Abordarei essas outras formas de sentir culpa e inocência quando falar dos limites da consciência e das ordens do amor.

Acrescento algo sobre:

Ordem e abundância

Ordem é a maneira como
coisas diferentes atuam em conjunto.
Envolve, portanto, variedade e abundância.

Mantém-se na troca, une o disperso
e o congrega na execução.
Envolve, portanto, movimento.

Prende o que perece numa forma
que lhe dá permanência.
Envolve, portanto, duração.

Mas procede em relação ao tempo
como a árvore que, antes de tombar,
deixa cair o fruto que lhe sobrevive.
Envolve, portanto, renovação e mudança.

Ordens, se são vivas,
vibram e evoluem;
através do anseio e do medo
nos impelem e disciplinam;
ao imporem limites,
também abrem espaço.

Estão mais além daquilo que nos separa.

HISTÓRIAS QUE FAZEM PENSAR

As histórias podem dizer o que não pode ser expresso de outra forma, pois também sabem ocultar o que mostram. Encaramos sua verdade como pressentimos, por trás de um véu, o rosto de uma mulher.

Quando as ouvimos nos sentimos como se entrássemos numa catedral. Estando na obscuridade, vemos os vitrais iluminados. Mas, quando as luzes se acendem, só percebemos as molduras.

O engano

Um velho rei estava para morrer. Preocupado com o futuro de seu reino, chamou seu criado mais fiel, chamado João, confiou-lhe um segredo e pediu-lhe: "Cuide do meu filho, pois ainda é inexperiente, e sirva-o tão fielmente como a mim mesmo!"

O fiel João sentiu-se importante — pois não passava de um criado — e, sem pressentir nada de mau, ergueu a mão em juramento e disse: "Guardarei teu segredo e servirei fielmente a teu filho como a ti mesmo, mesmo que me custe a vida".

Depois que o rei morreu e fizeram os seus funerais, o fiel João conduziu o jovem rei através do castelo, abriu-lhe todas as salas e mostrou-lhe os tesouros do reino. Uma das portas, porém, ele ignorou. Quando o rei, impaciente, exigiu que também fosse aberta, o fiel João o advertiu de que seu pai o tinha proibido de abri-la. Quando o rei, teimosamente, ameaçou arrombá-la com as próprias mãos, se fosse preciso, o fiel João cedeu, com o coração pesado. Abriu também essa porta mas antecipou-se rapidamente e postou-se diante de um quadro, para que o rei não o visse. Mas o rei o empurrou para o lado, olhou o quadro e desmaiou. Era um retrato da Princesa do Teto Dourado.

Quando o rei voltou a si, continuou fora de seu juízo e só pensava como poderia obter a mão daquela princesa. Mas cortejá-la abertamente lhe pareceu excessivamente arriscado, pois soubera que o pai dela tinha recusado todos os pretendentes. Assim, ele e o fiel João tramaram um ardil.

Como tinham ouvido que o coração da princesa se apegava a qualquer objeto de ouro, pegaram no tesouro real as jóias e os talheres de ouro, embarcaram tudo num navio e navegaram pelo oceano até chegarem à cidade onde residia a princesa. Ali o fiel João tomou alguns objetos de ouro e clandestinamente os colocou à venda diante do castelo.

Quando a princesa o soube, veio olhar todas as jóias. O fiel João contou-lhe que possuíam muitas outras no navio e persuadiu-a a embarcar nele em sua companhia. Ali o rei a recebeu, disfarçado em trajes de mercador, e a julgou ainda mais bela em pessoa do que no retrato que vira. Levou-a ao interior do navio e mostrou-lhe os tesouros de ouro.

Nesse meio tempo, foram levantadas as âncoras e içadas as velas, e o navio singrou para o mar. A princesa o notou e ficou perturbada. Mas percebeu a trama e, como ela vinha ao encontro de seus desejos secretos, entrou no jogo.

Quando tinha examinado tudo, olhou para fora, viu o navio já longe do cais e fingiu-se assustada. Mas o rei a tomou pela mão e lhe disse: “Não tenhas medo! Não sou um mercador mas um rei, amo-te muito e peço-te que sejas minha mulher”. Ela olhou para ele e o achou simpático, olhou para o ouro e disse que sim.

Entretanto, o fiel João, sentado ao timão, assobiava uma melodia, muito feliz pelo êxito do seu ardil. Nisso, três corvos chegaram voando, pousaram num mastro e começaram a conversar entre si.

O primeiro corvo disse: “O rei ainda está longe de ter a princesa. Pois, logo que desembarcarem, um cavalo cor de fogo galopará ao seu encontro, e ele o montará para cavalgar até o castelo. Porém o cavalo sumirá com ele e o rei desaparecerá para sempre". O segundo corvo disse: "A não ser que alguém se antecipe, monte o cavalo, pegue a arma que está em seu coldre e mate o cavalo".

E o terceiro corvo disse: "Mas, se alguém souber e revelar o segredo, será transformado em pedra, do dedo do pé até o joelho".

O segundo corvo disse: "Mesmo que o primeiro caso acabe bem, o rei ainda não terá a princesa. Pois, quando chegar a seu castelo, um traje de festa estará preparado e o rei se aproximará para vesti-lo, mas o traje o queimará até os ossos, como piche e enxofre". O terceiro corvo disse: "A não ser que alguém chegue antes dele, pegue o traje com luvas e o atire no fogo".

E o primeiro corvo disse: "Mas, se alguém souber e revelar o segredo, será transformado em pedra, do joelho até o coração".

O terceiro corvo disse: "E mesmo que o segundo caso acabe bem, o rei ainda não terá a princesa. Pois, quando o baile nupcial começar, a rainha empalidecerá e cairá no chão, como morta. E, se alguém não acudir imediatamente, abrir seu corpete, tirar para fora seu seio direito, sugar dele três gotas de sangue e tornar a cuspi-las, ela morrerá". E o segundo corvo disse: "Mas, se alguém souber e revelar o segredo, será transformado em pedra, do coração até o topo da cabeça".

Então o fiel João percebeu que o assunto era grave. Fiel a seu juramento, propôs-se fazer tudo o que pudesse para salvar o rei e a rainha, mesmo que lhe custasse a vida.

Quando desembarcaram em terra, aconteceu exatamente como os corvos haviam predito. Um cavalo cor de fogo aproximou-se a galope. Antes que o rei pudesse montá-lo, o fiel João se adiantou, montou o cavalo, pegou a arma e o matou.

Então os outros criados disseram: "Como ele se atreve? O rei queria cavalgar o belo cavalo até o castelo, mas ele o matou. Não se pode tolerar isso!" Mas o rei disse: "Ele é meu fiel João. Quem sabe qual foi o proveito disso?"

Quando chegaram ao castelo, lá estava o traje festivo e, antes que o rei pudesse aproximar-se e vesti-lo, o fiel João o pegou com luvas e atirou ao fogo. Então os outros criados disseram: "Como ele se atreve? Agora o rei queria vestir o belo traje, mas ele o atirou ao fogo diante de seus olhos. Não se pode tolerar isso!" Mas o rei disse: "Ele é meu fiel João. Quem sabe qual foi o proveito disso?"

Então celebrou-se o casamento. Quando começou o baile nupcial, a rainha ficou pálida e caiu no chão, como morta. Mas o fiel João acudiu imediatamente ao seu lado e, antes que o rei ousasse fazer alguma coisa, abriu o corpete da rainha, tirou para fora seu seio direito, sugou dele três gotas de sangue e as cuspiu. Então a princesa abriu os olhos e ficou curada.

O rei, porém, ficou envergonhado. Quando ouviu os criados praguejarem, que desta vez ele tinha ido longe demais e que se o rei tolerasse mais isso perderia a sua reputação, convocou o tribunal e condenou seu criado à forca.

Entretanto, o fiel João ponderava consigo mesmo se deveria revelar o que os corvos haviam contado. E pensava: "De qualquer maneira terei de morrer. Se não revelar o segredo serei enforcado; se o revelar serei convertido em pedra". Mas então resolveu revelar, dizendo para si mesmo: "Talvez a verdade os liberte".

Quando já estava diante de seu carrasco e, como a outros condenados, lhe permitiram dizer algumas palavras, ele contou, diante de todo o povo, por que tinha feito o que parecia tão mau. Ao terminar, tombou e foi transformado em pedra. Assim morreu.

Todo o povo gritou de dor. O rei e a rainha retornaram ao castelo e se recolheram a seus aposentos. Então a rainha olhou para o rei e disse: "Eu também ouvi os corvos, mas não disse nada por medo de me transformar em pedra". Mas o rei pôs-lhe um dedo diante da boca e lhe sussurrou ao ouvido: "Eu também os ouvi!"

Mas este não é ainda o desfecho da história. O rei não ousou enterrar o fiel João transformado em pedra, e assim o colocou, como um monumento, diante de seu castelo. Quando passava diante dele, suspirava e dizia: "Ah, meu fiel João!" Mas logo se ocupou com outros pensamentos, pois a rainha engravidou e no ano seguinte deu à luz gêmeos, dois lindos meninos.

Quando os dois meninos completaram três anos, o rei, que não encontrava paz, disse à sua mulher: "Temos de fazer alguma coisa para ressuscitar o fiel João. Conseguiremos isso se sacrificarmos a coisa mais querida que temos". Então a rainha se assustou e disse: "Mas o que mais queremos são nossos filhos!" — "Sim", disse o rei.

Na manhã seguinte tomou uma espada, cortou as cabeças de seus filhos e derramou o sangue deles sobre o João transformado em pedra, na esperança de que ele ressuscitasse. Mas ele continuou como pedra.

Então a rainha soltou um grito e disse: "Isto é o fim!" Retirou-se para seus aposentos, juntou suas coisas e foi embora para seu país. O rei, porém, procurou o túmulo de sua mãe, e lá chorou por muito tempo.

* * *

Se alguém for tentado a reler este conto tal como nos foi transmitido, nele achará, se o ler com atenção, o mesmo que ouviu aqui. Mas achará nele, ao mesmo tempo, a fábula propriamente dita que, caso ele tema encarar abertamente a sua verdade, adiciona algo belo, transformando o terrível em algo ainda suportável, e conjurando com uma enganosa esperança o seu medo de encontrar o céu vazio.

O amor

Certa noite, um homem sonhou que ouvia a voz de Deus, que lhe dizia: "Levanta-te, toma teu filho, teu único e querido filho, leva-o à montanha que te mostrarei e ali me oferece esse filho em sacrifício!"

De manhã, o homem se levantou, olhou para seu filho, seu único e querido filho, olhou para sua mulher, a mãe da criança, olhou para seu Deus.

Tomou o filho, levou-o à montanha, construiu um altar, amarrou as mãos do filho e puxou a faca para sacrificá-lo. Mas então ouviu uma outra voz e, em vez de seu filho, sacrificou uma ovelha.

Como o filho olha para o pai?
Como o pai olha para o filho?
Como a mulher olha para o marido?
Como o marido olha para a mulher?

Como eles olham para Deus?
E como Deus — se existe — olha para eles?

Um outro homem sonhou, à noite, que ouvia a voz de Deus que lhe dizia: "Levanta-te, toma teu filho, teu único e querido filho, leva-o à montanha que te mostrarei, e ali me oferece o filho em sacrifício!"

De manhã cedo o homem se levantou, olhou para seu filho, seu único e querido filho, olhou para sua mulher, a mãe da criança, olhou para seu Deus. E lhe respondeu, encarando-o: "Isso eu não vou fazer!"

Como o filho olha para o pai?
Como o pai olha para o filho?
Como a mulher olha para o marido?
Como o marido olha para a mulher?
Como eles olham para Deus?
E como Deus — se existe — olha para eles?

O não-ser

Um monge que andava buscando
pediu a um mercador
uma esmola.

O mercador se deteve, por um momento
e, ao dar-lhe o que pedia,
perguntou ao monge:
"Como é possível que me peças
o que te falta para viver
e, no entanto, menosprezes
a mim e ao meu modo de vida
que te proporcionamos isso?"

O monge lhe respondeu:
"Em comparação com o Último
que busco
tudo o mais me parece pequeno".

Mas o mercador perguntou ainda:
"Se existe um Último
como pode haver algo
que alguém possa buscar ou encontrar
como se estivesse no fim de um caminho?
Como poderia alguém sair ao seu encontro
e apossar-se dele,
como se fosse uma coisa entre outras muitas,
mais do que muitos outros?
E, inversamente, como poderia alguém
afastar-se desse Último,
ser menos conduzido por ele
ou estar menos a seu serviço
do que as outras pessoas?"

O monge retrucou:
"Encontra o Último
quem renuncia ao próximo e ao presente".

Mas o mercador ponderou:
"Se existe um Último
ele está perto de cada um,
mesmo que esteja oculto
no que nos aparece e no que permanece,
assim como em cada ser se oculta um não-ser
e, em cada agora, um antes e um depois.

Comparado ao ser,
que experimentamos como fugaz e limitado,
o não-ser nos parece infinito
como o de onde e o para onde,
comparados ao agora.
Porém o não-ser se revela no ser,
como o de onde e o para onde
se revelam no agora.

O não-ser, como a noite
e como a morte,
é um começo desconhecido
e só por um breve instante,
como um raio,
nos abre o seu olho
no ser.

Assim também, o Último
só se aproxima de nós
no que está perto
e brilha
agora".

Então o monge perguntou:
"Se fosse verdade o que dizes,
o que nos restaria ainda,
a mim e a ti?"

O mercador respondeu:
"Ainda nos restaria,
por algum tempo,
a Terra".

A *fé*

Alguém contou ter ouvido duas pessoas conversando sobre este tema: Como teria Jesus reagido se, após dizer a um doente: "Levanta-te, toma teu leito e vai para casa!", ele tivesse respondido: "Mas eu não quero".

Finalmente, um dos dois opinou: "Provavelmente Jesus teria inicialmente ficado em silêncio. Mas então se viraria para os discípulos e diria: 'Este homem dá mais glória a Deus do que eu'".

* * *

Tais histórias talvez nos aborreçam, de início, porque contrariam nosso raciocínio e nossa lógica habitual. Mas então, ultrapassando fronteiras, pressentimos um sentido que não pode ser esclarecido com razões nem abalado por contradições. Por isso, conservamos essas histórias.

Assim, muitas vezes, precisamos ter, em questões essenciais, mais de uma opinião. Pois a plenitude inclui as contradições, não as exclui. Então o contrário nos aparece apenas como *uma* parte entre muitas outras, que ele complementa mas não substitui.

A *exigência*

Na terra de Arão — lá onde é hoje a Síria –, vivia antigamente um general estimado e apreciado por seu rei. Tornara-se famoso por sua força e coragem. Porém, acometido por uma grave doença, estava impedido de manter contato com outras pessoas, inclusive com sua esposa. Ele tinha lepra.

Soube, através de uma escrava, que no país dela havia um homem que sabia curar sua doença. Então formou uma grande comitiva, tomou dez talentos de prata, seis mil peças de ouro, dez trajes festivos e ainda uma carta de recomendação de seu rei. E pôs-se a caminho.

Depois de longa marcha e alguns desvios, chegou à casa onde morava o curandeiro e pediu, em alta voz, permissão para entrar.

Ali se postou, com sua comitiva e todos os seus tesouros, e aguardou, com a carta de recomendação do rei nas mãos. Mas ninguém tomou conhecimento dele. Já estava um tanto impaciente e nervoso quando uma porta se abriu, um criado se aproximou e lhe disse: "Meu senhor manda dizer: 'Lava-te no rio Jordão e ficarás curado!'"

Com isso, o general se sentiu ridicularizado e escarnecido. "O quê?", disse ele, "esse sujeito é mesmo um curandeiro? Ele deveria, pelo menos, vir pessoalmente ao meu encontro, invocar seu deus, iniciar um longo ritual e tocar com sua mão cada ferida de minha pele! Isso talvez me tivesse ajudado. E agora, ainda preciso me lavar nesse Jordão?" E, enraivecido, virou as costas e retomou o caminho de volta.

Este é o fim real da história. Porém, como é apenas uma fábula, ela ainda tem um desfecho feliz.

Quando o general já fizera um dia de caminho de volta, seus criados vieram ter com ele à noite e, com bons modos, lhe disseram: "Querido pai, se esse curandeiro tivesse exigido de ti algo fora do comum, por exemplo, que embarcasses num navio, viajasses para terras distantes, adorasses deuses alheios, lesses por anos a fio apenas os próprios pensamentos, e com isto se dissipasse tua fortuna, tu certamente o terias feito. Porém agora ele exigiu de ti algo totalmente comum". E ele se deixou convencer.

Indisposto e de mau humor foi ao Jordão, lavou-se a contragosto na água, e aconteceu um milagre.

Quando voltou para casa, sua mulher quis saber o que lhe acontecera. "Ah", disse ele, "fiquei curado. Só isso".

* * *

Quem começa a discernir entre as histórias que ouve não se deixa iludir com facilidade por sua beleza aparente. Ele examina, diante de uma instância interior que sabe mais do que as palavras dizem, se o que ele ouve e sente lhe dá força, o incentiva, alimenta, equilibra e torna-o capaz de agir, ou se, ao contrário, o enfraquece, limita, desequilibra e paralisa.

Aquilo que realmente ajuda ultrapassa, às vezes, os limites habituais e encerra em si o risco do fracasso e da culpa.

A *ajuda*

Alguém sai de casa, abre caminho no mercado através da multidão, segue pela estreita travessa, alcança a rua de acesso e o cruzamento. De repente rangem freios, um ônibus derrapa, pessoas gritam e ouve-se o estrondo de uma batida.

Ele já não sabe mais o que se passa consigo. Foge dali e volta, com a rapidez que os pés lhe permitem, primeiro pela rua de acesso, depois pela estreita travessa, abre caminho pelo mercado apinhado, chega em sua casa, precipita-se pelo portão externo e o fecha atrás de si, galga as escadas até o seu apartamento, fecha as portas atrás de si, precipita-se pelo corredor até chegar ao último quarto vazio, fecha a porta atrás de si — e respira.

Lá está ele agora: refugiado, recluso e só. O choque ainda está tão presente em seus membros que ele não ousa mover-se. Então espera.

Na manhã seguinte, sua namorada dá por sua falta. Pega o telefone, tenta chamá-lo. Ninguém atende. Vai às pressas à casa dele, toca a campainha no portão da entrada, mas ninguém responde. Procura a polícia, pede ajuda, retorna com dois funcionários. Abrem primeiro o portão externo, sobem as escadas até a porta do apartamento, abrem-na, precipitam-se pelo corredor até o último quarto, batem, esperam um momento, abrem também a porta do quarto e encontram o rapaz, totalmente rígido.

A namorada agradece aos dois ajudantes e pede que se retirem. Espera um pouco, percebe que ainda não pode fazer nada, promete voltar na manhã seguinte e vai embora.

Na manhã seguinte, encontra aberto o portão externo, mas o apartamento ainda está fechado. Abre a porta, avança até o último quarto, abre-o também e encontra seu amigo. Como ele nada diz, ela lhe conta o que experimentou no caminho: como o sol apareceu entre as nuvens, os pássaros gorjeavam nas árvores, as crianças jogavam bola e a cidade ressoava em seu ritmo normal. Percebe que, ainda desta vez, nada pode fazer, promete voltar na manhã seguinte e vai embora.

Na manhã seguinte encontra abertos tanto o portão externo quanto a porta do apartamento, vai até o último quarto, abre-o e encontra seu namorado, que continua rígido. Espera um pouco e lhe fala de suas impressões à noite no circo, da movimentação colorida que lá reinava, da marcha alegre, da atmosfera vibrante, do suspense quando chegaram os leões e do alívio geral quando tudo saiu bem. Falou também das graças do palhaço, dos cavalos enfeitados com flores brancas, da multidão entusiasmada. Ao terminar, promete: "Amanhã voltarei".

Na manhã seguinte, até mesmo a porta do quarto está aberta. Mas ninguém aparece.

Então o homem assustado não se contém por mais tempo dentro de casa. Fecha a porta atrás de si, fecha também a porta do apartamento, atravessa o portão externo e sai para o ar livre, abre caminho através da multidão no mercado e continua através da estreita travessa, alcança a rua de acesso, atravessa o cruzamento — e vai resolutamente em busca de sua namorada.

* * *

Algumas histórias nos tocam e, por um momento, pode parecer que a morte e a separação foram revogadas. Quando as ouvimos elas nos trazem alívio, como um copo de vinho à noite nos faz dormir melhor. Mas de manhã nos levantamos e vamos trabalhar.

Alguns, porém, depois de tomarem o vinho, continuam deitados e precisam de uma pessoa que os desperte. Ela lhes conta essas histórias de um modo um tanto diferente, e transforma o doce veneno num contraveneno. Então, às vezes, eles despertam, e talvez se livrem do feitiço.

O desfecho

Harold, um jovem de vinte anos, costumava agir como se fosse amigo íntimo da morte, e com isso chocava as pessoas. Contou a um amigo a história de seu grande amor, a octogenária Maude, com quem queria comemorar o aniversário dela e o noivado de ambos, e como ela, no meio da festa, lhe revelou que tinha tomado veneno e que à meia-noite estaria morta.

O amigo refletiu um pouco e, depois, contou-lhe a seguinte história:

"Num minúsculo planeta vivia, certa vez, um homenzinho. Como era o único ali, denominou-se príncipe, isto é, o primeiro, o melhor. Além dele, porém, também havia ali uma rosa. Antigamente ela exalava um delicioso perfume, mas agora parecia estar sempre murchando. O pequeno príncipe, que ainda era uma criança, fazia todo esforço para mantê-la viva. Precisava regá-la durante o dia e protegê-la do frio à noite. Entretanto, quando, por sua vez, desejava algo dela — o que antes, às vezes, era possível — ela lhe mostrava seus espinhos. Como é natural, com o passar dos anos ele se cansou. E resolveu ir embora.

Primeiramente, visitou planetas vizinhos. Eram pequenos como o seu próprio planeta e seus príncipes eram quase tão excêntricos quanto ele. Nada o reteve lá.

Então chegou à bela Terra e seu caminho o levou a um jardim de rosas. Deviam ser milhares, cada qual mais bela, e o ar estava doce e pesado com o seu perfume. Ele jamais sonhara que houvesse tantas rosas — pois só conhecia uma — e ficou fascinado com sua doçura e beleza.

No meio dessas rosas, porém, foi descoberto por uma esperta raposa, que se apresentou como se fosse tímida. Quando viu que poderia engambelar o homenzinho, disse-lhe: 'Talvez você ache belas todas estas rosas aqui, mas elas nada têm de especial. Crescem espontaneamente e precisam de pouco cuidado. Mas a tua rosa longínqua é única, pois é exigente. Volte para ela!'

Então o pequeno príncipe ficou confuso e triste, e tomou o caminho do deserto. Lá encontrou um piloto que tinha feito um pouso de emergência e esperou que lhe fizesse companhia. Mas o homem era um avoado e só buscava diversão. Assim, o pequeno príncipe lhe contou que estava voltando para sua rosa.

Logo que anoiteceu, esgueirou-se na direção de uma serpente. Fingiu que ia pisá-la e então ela o picou. Ele estremeceu e depois ficou imóvel. Assim morreu.

Na manhã seguinte, o piloto achou seu cadáver. 'Espertalhão!', pensou ele. E sepultou seus restos na areia."

Comentou-se, mais tarde, que Harold não compareceu ao funeral de Maude. Em lugar disso, pela primeira vez depois de muitos anos, levou rosas ao túmulo de seu pai.

Vida e morte

Quando dois zulus se encontram, um deles diz: "Eu vi você. Ainda está vivo?"

"Sim", responde o outro, "ainda estou vivo. E você?"
"Eu também estou vivo".

Um estranho pergunta a um zulu aparentemente desocupado: "Você não se aborrece?" Ele responde: "Mas se eu estou vivendo!"

Nada lhe falta que precise dar mais conteúdo ou sentido à sua vida.

A mesma atitude encontramos num dos fiéis companheiros de Konradin, o último dos Staufers. Estava preso num castelo e jogava xadrez com um amigo quando um mensageiro veio avisá-lo: "Dentro de uma hora você será executado". Ele disse ao amigo: "Continuemos o jogo!"

O hóspede

Em algum lugar, muito longe daqui, onde outrora foi o faroeste, alguém caminha, com uma mochila às costas, por uma vasta paisagem deserta. Depois de andar horas a fio, quando o sol já ia alto e ele tinha muita sede, avista no horizonte uma fazenda. "Graças a Deus!", pensa ele, "finalmente alguém neste ermo. Vou à sua casa, peço-lhe algo de beber, e talvez nos sentemos na varanda para conversar, antes que eu retome meu caminho". E fica imaginando como será bom.

Porém, ao se aproximar, avista o fazendeiro trabalhando no jardim, defronte à sua casa, e é assaltado pelas primeiras dúvidas. "Talvez ele esteja muito ocupado. Se eu lhe falar do meu desejo irei incomodá-lo, ele pode pensar que sou grosseiro". E assim, quando chega ao portão do jardim, apenas acena para o fazendeiro e passa adiante.

O fazendeiro, por sua vez, o avistara de longe e se alegrara: "Graças a Deus", pensou, "finalmente alguém neste ermo. Tomara que ele venha à minha casa. Então vamos beber juntos e talvez nos sentemos na varanda para conversar, antes que ele retome o seu caminho". E entrou em casa para esfriar uma bebida.

Porém, ao ver o estranho aproximar-se, começou também a duvidar: "Certamente ele tem pressa, e se eu lhe falo de meu desejo vou incomodá-lo e ele pode achar que estou me intrometendo. Contudo, talvez ele tenha sede e venha espontaneamente à minha casa. O melhor é ficar no jardim, na frente da casa, e fingir que estou ocupado. Lá ele terá de me ver, e se realmente quiser vir à minha casa, certamente o dirá". Então, quando o outro apenas lhe acenou de longe e prosseguiu em seu caminho, ele disse: "Que pena!"

O estranho continua a caminhar. Entretanto, o sol ainda sobe mais e a sede aumenta, e passam-se horas até que ele avista outra fazenda. Então diz a si mesmo: "Desta vez irei à casa do fazendeiro, quer isso o incomode, quer não. Tenho muita sede, preciso beber alguma coisa".

Entretanto, o fazendeiro também o avistara de longe e pensou: "Tomara que ele não venha à minha casa. Só me faltava essa. Tenho muito o que fazer e não posso me preocupar com estranhos". E continuou a trabalhar, sem levantar os olhos.

O estranho, porém, o avistou no campo, foi até ele e disse: "Tenho muita sede. Por favor, dê-me algo para beber". O fazendeiro pensou: "Agora não posso mandá-lo embora, afinal também sou humano". Levou-o à sua casa e lhe trouxe algo para beber.

O estranho disse: "Reparei em seu jardim. Nota-se que aqui trabalhou alguém que entende e ama as plantas e sabe do que elas precisam". O fazendeiro ficou contente e disse: "Pelo que vejo, você também entende disso". Sentaram-se e tiveram uma longa conversa.

Então o estranho se levantou e disse: "Já é tempo de ir embora". Mas o fazendeiro se opôs. "Veja", disse ele, "o sol já baixou. Passe a noite em minha casa. Então nos sentaremos na varanda e conversaremos, antes que você prossiga o seu caminho pela manhã". E o estranho concordou.

À tardinha eles se sentaram na varanda, e a paisagem distante se transfigurava na luz do crepúsculo. Quando escureceu, o estranho começou a contar como o mundo mudou para ele desde que percebeu que alguém o acompanhava por toda parte. De início, não quis acreditar que alguém constantemente o seguia, parando quando ele se detinha, e levantando-se junto quando ele ia embora. E precisou de tempo até entender quem o acompanhava.

"Minha companheira permanente", disse ele, "é minha morte. Eu me acostumei tanto a ela que não quero mais sentir sua falta. Ela é minha melhor amiga, a mais fiel. Quando fico em dúvida sobre o que é certo e como devo prosseguir, fico um momento em silêncio e lhe peço uma resposta. Eu me exponho totalmente a ela, com toda a minha receptividade. Sei que ela está ali e eu estou aqui.

E, sem me apegar a desejos, aguardo dela alguma indicação. Quando me recolho e a encaro corajosamente, vem-me, depois de algum tempo, uma palavra dela, como um relâmpago que ilumina a escuridão — e eu ganho clareza".

Esse discurso soou estranho ao fazendeiro. Em silêncio, ficou olhando longamente para dentro da noite. Então também viu sua companheira — sua morte — e se curvou diante dela. Sentiu como se a vida que lhe restava se transformasse. Ficou saborosa, como o amor que conhece a despedida. E, como o amor, cheia até as bordas.

Na manhã seguinte comeram juntos e o fazendeiro disse: "Mesmo que você vá, uma amiga fica comigo". Então saíram ao ar livre e se estenderam as mãos. O estranho prosseguiu seu caminho e o fazendeiro voltou ao seu campo.

* * *

Para terminar, contarei mais uma história. É daquelas que atuam em quem se entrega a elas, no próprio momento em que as ouve, e produzem nele o efeito que lhe contam.

A *pousada*

Alguém caminha pelas ruas de sua terra natal. Tudo aí lhe parece familiar. Acompanha-o uma sensação de segurança e também de leve tristeza. Pois muita coisa lhe permaneceu oculta, e repetidas vezes ele bateu em portas fechadas. Algumas vezes teria preferido deixar tudo para trás e partir para bem longe dali. Mas algo o detinha, como se lutasse com um anjo desconhecido e não pudesse livrar-se dele antes de receber a sua bênção. E assim se sente preso, sem saber se avança ou recua, se parte ou fica.

Entra num parque, senta-se num banco, reclina-se, respira fundo e fecha os olhos. Abandona a longa luta, entrega-se à força interior, sente que se acalma e cede como um junco ao vento, em sintonia com a variedade, o amplo espaço, o longo tempo.

Vê-se como uma casa aberta, onde podem entrar todos os que quiserem. Cada um que chega traz algo, permanece algum tempo — e parte. Assim, há na casa um constante chegar, trazer, ficar — e partir. Quem acaba de chegar e traz algo novo envelhece enquanto fica. E, quando chega o momento, parte.

A essa casa aberta também chegam muitos desconhecidos, esquecidos por muito tempo ou excluídos. Eles também trazem algo, permanecem algum tempo — e se vão. Também chegam os maus elementos, que preferiríamos expulsar de casa. Também eles trazem algo, se acomodam, permanecem algum tempo — e se vão. Cada um que chega encontra outros que chegaram antes ou que chegam depois dele. Como são muitos, todos precisam compartilhar. Quem tem seu lugar também tem seu limite. Quem deseja algo também precisa acomodar-se. Cada um que vem também pode evoluir enquanto fica. Ele veio porque outros se foram, e irá embora quando outros vierem. Assim, existe nessa casa tempo e lugar suficiente para todos.

Ali sentada, aquela pessoa sente-se bem em sua casa. Reconhece como familiares os que vieram e vêm, que trouxeram e trazem, ficaram e ficam, partiram e partem. Sente como se completa o que estava inacabado, percebe como uma luta termina e a despedida se torna possível. Aguarda ainda o momento oportuno. Depois abre os olhos, olha outra vez em torno de si, levanta-se e parte.

OS LIMITES DA CONSCIÊNCIA

Conhecemos a consciência como um cavalo conhece o cavaleiro que o monta, e como um timoneiro conhece as estrelas pelas quais calcula sua posição e orienta seu rumo. O problema é que o cavalo é montado por muitos cavaleiros, e no navio muitos timoneiros olham para muitas estrelas. É importante saber a quem os cavaleiros obedecem, e que direção o capitão indica ao navio.

A resposta

Um discípulo perguntou a um mestre: "Diga-me, o que é a liberdade?"

"Que liberdade?", perguntou-lhe o mestre. "A primeira liberdade é a estupidez. Lembra o cavalo que relinchando derruba o cavaleiro, só para sentir depois o seu pulso ainda mais firme.

A segunda liberdade é o remorso. Lembra o timoneiro que, após o naufrágio, permanece nos destroços em vez de subir no barco salva-vidas.

A terceira liberdade é a compreensão. Ela sucede à estupidez e ao remorso. Assemelha-se ao caule que se balança com o vento e, por ceder onde é fraco, permanece de pé".

"Isso é tudo?", perguntou o discípulo.

O mestre retrucou: "Algumas pessoas acham que são elas que buscam a verdade de suas almas. Contudo, é a grande Alma que pensa e procura através delas. Como a natureza, ela pode permitir-se muitos erros porque está sempre e sem esforço substituindo os maus jogadores. Mas àquele que a deixa pensar ela concede, às vezes, certa liberdade de movimento. E, como um rio que carrega um nadador que se deixa levar, ela o leva até a margem, unindo sua força à dele".

Culpa e inocência

É em nossos relacionamentos que experimentamos a consciência, pois ela diz respeito a eles. Todo ato que produz efeitos sobre outras pessoas é acompanhado por um sentimento ciente de inocência ou de culpa. E, assim como os olhos, ao ver, distinguem constantemente o claro e o escuro, esse sentimento ciente discerne, a cada momento, se nossa ação prejudica ou favorece o relacionamento. O que causa dano a ele é experimentado como culpa; o que o favorece, como inocência.

Por meio do sentimento de culpa, a consciência nos puxa as rédeas e nos impele a mudar de direção; pelo sentimento de inocência, ela nos solta as rédeas, e um vento fresco infla as velas do nosso barco.

Isso se assemelha ao que sucede com o equilíbrio físico. Assim como um sentido interno, por meio de sensações de conforto e desconforto, constantemente nos impulsiona e dirige para nos mantermos em equilíbrio, um outro sentido interno, por meio de sensações diferentes de conforto e desconforto, nos impulsiona e dirige constantemente para mantermos nossos relacionamentos importantes.

O sucesso dos relacionamentos depende de condições que, no essencial, nos são preestabelecidas, como acontece com o equilíbrio físico com relação às orientações básicas: em cima e embaixo, na frente e atrás, à direita e à esquerda. De fato, caso desejemos, podemos cair para a frente ou para trás, para a direita ou a esquerda. Entretanto, um reflexo inato força a compensação antes que haja um acidente, e nos equilibramos a tempo.

Da mesma forma, um sentido superior ao nosso arbítrio vela sobre nossos relacionamentos e atua como um reflexo de correção e compensação quando nos desviamos das condições de sucesso de nossos relacionamentos e colocamos em risco nossa integração ao grupo. À semelhança do sentido interno de equilíbrio corporal, o sentido interno dos relacionamentos percebe cada indivíduo, juntamente com seu entorno, reconhece o espaço livre e os limites, e dirige o indivíduo por meio de diferentes sensações de desprazer e de prazer. Esse desprazer é sentido como culpa; esse prazer, como inocência.

Culpa e inocência servem, portanto, um e outra, a *um* senhor. Ele as atrela a *um* carro, guia-as *numa* direção e elas puxam o carro, como uma parelha presa a *uma* corda. Alternando seus impulsos, fazem progredir o relacionamento e o mantêm na trilha. Às vezes, tentamos tomar as rédeas nas mãos, mas o cocheiro não as solta das suas. Nesse carro só viajamos como prisioneiros e convidados. E o nome do cocheiro é *consciência.*

Os pressupostos

Entre as condições que nos são preestabelecidas para os relacionamentos humanos incluem-se:

— o vínculo,
— a compensação,
— a ordem.

Satisfazemos a essas três condições sob a pressão do instinto, da necessidade e do reflexo, da mesma forma como satisfazemos às condições do nosso equilíbrio físico, mesmo contra nosso desejo ou vontade. Essas condições são por nós sentidas como básicas porque as sentimos simultaneamente como necessidades básicas.

O vínculo, a compensação e a ordem se condicionam e complementam mutuamente, e sua atuação conjunta nós a sentimos como a consciência. Por conseguinte, sentimos a consciência como instinto, necessidade e reflexo, e como basicamente idêntica às necessidades de vínculo, compensação e ordem.

As diferenças

Embora estas três necessidades — de vínculo, compensação e ordem — atuem sempre em conjunto, cada uma delas tenta impor seus objetivos através de um peculiar sentimento de culpa e inocência.

Por conseguinte, sentimos a culpa e a inocência de maneiras diversas, de acordo com o fim e a necessidade a que servem.

— Quando estão a serviço do vínculo, experimentamos a culpa como exclusão e distância, e a inocência como proteção e proximidade.

— Quando estão a serviço da compensação, vivemos a culpa como obrigação, e a inocência como liberdade ou reivindicação.

— Quando estão a serviço da ordem, vivemos a culpa como transgressão e medo de punição, e a inocência, como retidão e lealdade.

A consciência serve a cada um desses fins, mesmo quando se opõem entre si. Essas contradições nos fins nós também as sentimos como contradições na consciência. Pois, muitas vezes, ela exige, a serviço da compensação, o que nos proíbe a serviço do vínculo, e nos permite, a serviço da ordem, o que nos interdiz enquanto serve ao vínculo.

Por exemplo, quando retribuímos, na mesma medida, a afronta que alguém nos fez, satisfazemos a necessidade de compensação e nos sentimos justos. Com isso, entretanto, o vínculo geralmente cessa. Para satisfazer tanto à compensação quanto ao vínculo precisamos fazer ao outro um mal um pouco menor do que ele nos fez. Então talvez a compensação sofra, mas o vínculo e o amor ganham.

Inversamente, quando retribuímos um bem recebido de alguém na mesma medida, obtemos uma compensação, mas dificilmente nasce um vínculo. Para que a compensação também gere um vínculo, precisamos fazer ao outro um bem um pouco maior do que ele nos fez. E ele, por sua vez, ao compensar, precisará fazer-nos um bem um pouco maior do que terá recebido de nós. Então o intercâmbio do dar e do receber leva à compensação e também a uma troca duradoura, ao vínculo e ao amor.

Experimentamos contradições semelhantes entre a necessidade de vínculo e a necessidade de ordem. Quando uma criança faz algo errado e sua mãe a manda brincar sozinha no quarto por uma hora, e realmente a deixa lá todo esse tempo, ela satisfaz à ordem. Mas a criança fica zangada com ela, e com razão, porque a mãe, por causa da ordem, foi contra o amor. Se, ao contrário, depois de algum tempo ela dispensa a criança do resto da pena, vai contra a ordem mas reforça o vínculo e o amor entre ela e a criança.

Concluindo, seja como for que sigamos nossa consciência, ela simultaneamente nos condena e absolve.

Os diversos relacionamentos

Da mesma forma como nossas necessidades, nossos relacionamentos também são diversos e seus interesses se contradizem. O que serve a um relacionamento pode prejudicar outro. E aquilo que num relacionamento nos é creditado como inocência, em outro nos precipita num sentimento de culpa. Assim, talvez, por um único ato respondemos a muitos juízes; e um deles nos condena, enquanto outro nos absolve.

A *ordem*

Experimentamos a consciência, às vezes, como se ela fosse um indivíduo único. Entretanto, na maioria dos casos, ela mais se assemelha a um grupo onde diversos representantes perseguem diferentes objetivos, com a ajuda de diferentes sentimentos de inocência e culpa, e procuram se impor de diferentes maneiras. Nisso eles se apóiam ou se questionam mutuamente, pelo bem do todo; não obstante, mesmo quando se contrapõem, servem a uma ordem superior. À semelhança de um general que, em diversas frentes, com diferentes tropas, em terrenos diversos, com diferentes meios e táticas, busca diferentes êxitos, essa ordem faz com que, pelo bem de um todo maior, em cada frente só se obtenham êxitos parciais. Por essa razão, só se consegue a inocência em parte.

A *aparência*

Assim, na maioria das vezes, culpa e inocência comparecem juntas. Quem procura agarrar a inocência toca também na culpa, e quem é inquilino da culpa encontra a inocência como sublocatária. A culpa e a inocência também trocam de trajes com muita freqüência, de modo que a culpa vem vestida de inocência, e vice-versa. Então as aparências enganam e só os efeitos mostram o que era real.

Vou contar-lhes uma pequena história a respeito:

Os jogadores

Eles se apresentam como adversários.
Então se sentam frente a frente
e jogam no mesmo tabuleiro
com diferentes figuras
e complicadas regras,
lance por lance,
o mesmo jogo real.

Ambos sacrificam a seu jogo
diversas figuras
e tensos se mantêm em xeque
até que cessa o movimento.
Quando não há mais saída
a partida termina.
Então trocam de lado e de cor,
e recomeça o mesmo jogo,
apenas uma outra partida.

Mas quem joga muito tempo
e muitas vezes ganha
e muitas vezes perde
torna-se, em ambos os lados,
um mestre.

O *encantamento*

Por conseguinte, quem quer resolver os enigmas da consciência aventura-se num labirinto, e precisa de muitos fios orientadores para distinguir, na confusão dos meandros, os caminhos que levam para fora e os que dão em becos sem saída.

Tateando nas trevas, precisa defrontar-se, a cada passo, com mitos e histórias que se enlaçam, como trepadeiras, em torno da culpa e da inocência, desencaminhando nossa razão e paralisando os passos de quem ousa investigar o que ocultamente acontece. É o que sucede às crianças quando ouvem contar as histórias da cegonha, e pode ter sucedido aos prisioneiros, ao lerem no portão do campo de extermínio: "O trabalho liberta!"

Porém, às vezes, aparece alguém que tem coragem de olhar e quebrar o encantamento, como aquela criança que, no meio da multidão ensandecida que aclamava o ditador, aponta e diz, alto e bom som, o que todos sabem mas ninguém ousa admitir ou confessar: "Ele está pelado!"

E há também a história do músico que se posta à beira da estrada por onde iria passar o encantador de ratos com seu séquito de crianças. Contrapondo-lhe outra melodia, ele consegue fazer com que alguns saiam de sua marcha mecânica.

O vínculo

A consciência nos vincula ao grupo que é importante para nossa sobrevivência, sejam quais forem as condições que ele nos imponha. Ela não está acima desse grupo, nem acima de sua fé ou superstição. Está a serviço dele.

Assim como uma árvore não determina onde cresce, e se desenvolve de forma diferente em campo aberto ou no bosque, no vale protegido ou na montanha exposta, assim também uma criança se submete ao grupo de origem sem questionar, e adere a ele com uma força e uma persistência só comparáveis a um caráter. A criança experimenta esse vínculo como amor e felicidade, quer ela possa florescer, quer tenha de murchar no grupo.

A consciência reage a tudo que promova ou ameace o vínculo. Dessa maneira, temos boa consciência quando agimos de uma tal forma que nos assegure de ainda pertencer ao grupo. E temos má consciência quando nos desviamos das condições impostas pelo grupo de tal forma que receamos ter perdido, em parte ou no todo, o direito de pertencer-lhe.

Contudo, ambos os lados da consciência servem a um propósito único. Como o açúcar e o chicote num amestramento, eles nos puxam ou nos impelem na mesma direção, para assegurar nossa vinculação às raízes e ao tronco familiar.

Assim, o padrão da consciência é aquele que vigora no grupo a que pertencemos. Por essa razão, pessoas originárias de diferentes grupos têm também diferentes consciências, e quem faz parte de vários grupos tem para cada um deles uma consciência distinta.

A consciência nos mantém no grupo como um cão mantém as ovelhas no redil. Quando mudamos de ambiente ela muda de cor, como um camaleão, para proteger-nos. Assim, temos uma consciência junto à mãe e outra junto ao pai, uma na família e outra na profissão, uma na igreja e outra na mesa da grande família. Porém, a consciência sempre se refere ao vínculo e ao amor ao vínculo, ao medo da separação e da perda.

E o que fazemos quando um vínculo se contrapõe a outro? — Procuramos, da melhor forma possível, a compensação e a ordem.

Ilustro isso com um exemplo:

A consideração

Um homem e uma mulher perguntaram a um professor como deveriam proceder com relação à filha. Pois a mulher freqüentemente tinha de impor limites a ela, e nisso não se sentia suficientemente apoiada pelo marido.

O professor lhes expôs em três frases as regras de uma educação correta:

1. Na educação dos filhos o pai e a mãe julgam certo, de diferentes maneiras, o que em suas respectivas famílias era importante ou faltou.
2. A criança segue e reconhece como certo o que para ambos os pais, nas respectivas famílias, era importante ou faltava.
3. Quando um dos pais se impõe contra o outro na educação, a criança secretamente se alia ao progenitor em desvantagem.

Como primeiro passo, o professor sugeriu aos pais que se permitissem perceber em que e como sua filha os amava. Então eles se entreolharam e um sorriso passou pelo rosto de ambos.

Finalmente, o professor aconselhou ao pai que, de vez em quando, desse a perceber à filha que fica muito contente quando ela trata a mãe com carinho.

A lealdade

A consciência nos liga mais fortemente quando ocupamos posição inferior no grupo e estamos entregues a ele. Mas, logo que ganhamos poder ou nos tornamos independentes do grupo, o vínculo se afrouxa e, com ele, também a consciência.

Os fracos, porém, são conscienciosos e permanecem fiéis porque estão ligados. Numa família são os filhos; numa empresa, os trabalhadores de nível inferior; num exército, os soldados rasos; e numa igreja, a massa dos fiéis. Pelo bem dos fortes do grupo eles arriscam lealmente a saúde, a inocência, a felicidade e a vida, mesmo que os fortes, em vista dos fins que consideram elevados, abusem deles sem consideração. Nesse grupo se incluem os pequenos que entregam a cabeça pelos grandes, os carrascos que fazem o trabalho sujo, os heróis em postos perdidos, os cordeiros que seguem o pastor que os leva ao matadouro e as vítimas que pagam o pato. E também os filhos que, por seus pais ou antepassados, se atiram na brecha e executam o que não planejaram, expiam pelo que não fizeram e respondem por dívidas em que não incorreram.

Sobre isso trago um exemplo:

O lugar

Um pai castigou um filho por desobediência. Na noite seguinte o rapaz se enforcou.

O homem tinha envelhecido e ainda carregava o peso da culpa. Então, em conversa com um amigo, lembrou-se de que esse filho, poucos dias antes do suicídio, ouvindo sua mãe contar, durante a refeição, que estava novamente grávida, exclamou transtornado: "Pelo amor de Deus, nós não temos mais lugar!" Com essa lembrança o pai entendeu: o filho havia se enforcado para livrar os pais dessa preocupação. Cedera seu lugar ao mais novo.

Lealdade e doença

Esse amor ao vínculo se manifesta também em casos de doenças graves, como, por exemplo, na anorexia. Pois o anoréxico, em sua alma infantil, diz a um dos pais: "Antes desapareça eu do que você". Por isso, uma doença como essa é muitas vezes difícil de curar, porque para nossa alma infantil ela é um atestado de inocência e, por meio dela, esperamos assegurar e preservar nosso direito de pertencimento. Essa doença se associa ao sentimento de lealdade.

Inversamente, e apesar das afirmações em contrário, a solução ou a cura é temida e evitada porque está associada ao medo de perder o direito de pertencer, e ao sentimento de culpa e traição.

O limite

A consciência, ao mesmo tempo que liga, também delimita e exclui. Por isso, para continuar pertencendo ao nosso grupo, freqüentemente nos sentimos obrigados a recusar ou negar a outros, pelo simples fato de serem diferentes, o direito de pertencimento que reivindicamos para nós. Então nos tornamos, por obra da consciência, temíveis para os outros. Pois exatamente o que tememos para nós mesmos — a exclusão do grupo — como a pior conseqüência de uma culpa e como a ameaça extrema, temos de desejar ou fazer aos outros, em nome da consciência, só porque são diferentes.

E, assim como procedemos com os outros, os outros procedem conosco, em nome da consciência. Então nos impomos mutuamente um limite para o bem mas o abolimos para o mal, em nome da consciência.

Assim, culpa e inocência não significam o mesmo que bom e mau. Pois muitas vezes cometemos ações más com boa consciência e ações boas com má consciência. Cometemos ações más com boa consciência quando servem ao vínculo que nos une ao grupo importante para nossa sobrevivência. E cometemos ações boas com má consciência quando elas colocam em risco nossa vinculação a esse grupo.

O bem

Por essa razão, o bem que reconcilia e cria paz precisa superar os limites que a consciência nos impõe por meio do vínculo a grupos particulares. Esse bem segue uma outra lei, oculta, que atua nas coisas pelo simples fato de existirem. Contrariamente ao modo típico da consciência, essa lei atua de modo silencioso e despercebido, como a água que flui por baixo do solo. Só percebemos sua presença pelos efeitos.

A consciência fala, enquanto as coisas são. Por exemplo, uma criança vai a um jardim, maravilha-se com as plantas que crescem, escuta um pássaro na moita. Então sua mãe lhe diz: "Isso é bonito". A partir daí, em vez de se maravilhar e escutar, a criança ouve palavras, e sua relação com o real passa a ser substituída por juízos.

A consciência grupal

A consciência nos vincula a um grupo de uma forma tão carregada de conseqüências que, mesmo inconscientemente, sentimos como exigência e obrigação para nós o que outros membros sofreram ou ficaram devendo no grupo. Assim a consciência nos leva a nos enredar cegamente na culpa alheia e na inocência alheia, em pensamentos alheios, preocupações alheias e sentimentos alheios, em brigas alheias e em suas conseqüências, em metas alheias e num desfecho alheio.

Quando, por exemplo, uma filha, para cuidar dos pais idosos, renuncia à felicidade de ter sua própria família, e por isso é ridicularizada e desprezada pelos outros irmãos, mais tarde uma sobrinha imitará a vida dessa tia e, sem perceber esse nexo e sem poder defender-se contra isso, sofrerá o mesmo destino.

Aqui, contrapondo-se à consciência pessoal que sentimos, atua ainda uma outra consciência, mais ampla, que atua secretamente e tem primazia sobre a consciência pessoal. A consciência pessoal e manifesta torna-nos cegos para a consciência oculta e mais ampla, a qual muitas vezes transgredimos justamente ao seguirmos a consciência pessoal.

A consciência pessoal que sentimos serve a uma ordem que se deixa perceber através de impulso, necessidade e reflexo. Mas a consciência abrangente, que atua no oculto, permanece despercebida, da mesma forma como a ordem, a que ela serve, muitas vezes permanece inconsciente para nós. Assim, não podemos sentir essa ordem: somente a conhecemos pelos seus efeitos, principalmente pelo sofrimento que decorre de sua inobservância, sobretudo para as crianças.

A consciência pessoal e manifesta se refere a pessoas a quem nos sentimos ligados; portanto, aos pais e irmãos, aos familiares, amigos, parceiros, filhos. Essa consciência confere a essas pessoas um lugar e uma voz na alma.

A consciência oculta, em contraposição, toma a seus cuidados as pessoas que excluímos de nossa alma e de nossa consciência, seja porque as tememos ou condenamos, seja porque nos rebelamos contra seu destino, seja porque outros na família se tornaram culpados em relação a elas, sem que essa culpa tenha sido reconhecida e, menos ainda, expiada; seja, ainda, porque essas pessoas precisaram pagar pelo que tomamos e recebemos, sem que lhes tivéssemos agradecido e as tivéssemos honrado por isso. Essa consciência toma a seus cuidados os rejeitados e os ignorados, os esquecidos e os mortos. Ela não deixa em paz os que se sentem seguros de pertencer ao grupo, até que também voltem a dar aos excluídos um lugar e uma voz em seu coração.

O direito de pertencer

A consciência grupal dá a todos o mesmo direito de pertencimento. Ela vela para que esse direito seja reconhecido por todos os que fazem parte do grupo. Assim, ela vela pelo vínculo num sentido muito mais amplo do que a consciência pessoal. Ela só conhece uma exceção a essa regra: os assassinos, especialmente os que mataram pessoas pertencentes ao grupo. Em relação a eles, essa consciência exige, via de regra, que sejam excluídos.

A compensação no mal

Quando um membro do grupo foi excluído ou expulso pelos outros, mesmo que apenas porque foi esquecido, como freqüentemente acontece com uma criança prematuramente falecida, a consciência grupal faz com que um outro membro do grupo venha a representar o excluído. Ele imita então o destino daquele, sem ter a consciência disso. Daí resulta, por exemplo, que um neto imite, por uma identificação inconsciente, um avô excluído, passando a viver, sentir-se, planejar e fracassar como seu avô, sem estar consciente dessa conexão.

Para a consciência do grupo isso é uma compensação, ainda que num nível arcaico. Aliás, a consciência grupal é uma consciência arcaica. Ela leva a uma compensação cega no mal, que não ajuda a ninguém. Pois a injustiça cometida contra os antecessores é apenas repetida pelos sucessores inocentes. Mas não é reparada, e a pessoa excluída permanece excluída.

A hierarquia

Uma outra lei básica se manifesta na atuação da consciência grupal: em cada grupo reina uma hierarquia, que é definida pela precedência no tempo. Os antecessores têm precedência sobre os sucessores: por exemplo, um avô tem precedência sobre um neto. Em razão disso, a compensação que obedece à consciência grupal não faz justiça aos sucessores, pois não os equipara aos antecessores. A compensação arcaica só contempla os antecessores, desconsiderando os sucessores. Por esta razão, essa consciência grupal não permite que os sucessores se imiscuam nos assuntos dos antecessores, seja para fazer valer o direito deles, seja para expiar a culpa em seu lugar, seja ainda para resgatá-los, *a posteriori*, de seu destino funesto. Influenciado pela consciência grupal, o sucessor reage à própria presunção com uma necessidade de fracasso e declínio.

Portanto, quando num grupo familiar existe um comportamento autodestrutivo e quando um agente, aparentemente perseguindo nobres fins, encena cegamente o seu próprio fracasso e declínio, quem age assim é, na maioria dos casos, um sucessor que, como que aliviado pelo próprio fracasso, presta finalmente homenagem a um antecessor. Desta maneira, o poder arrogado resulta em impotência, a justiça arrogada, em injustiça e o destino arrogado, tragicamente.

Ilustro isso com alguns exemplos:

O *anseio*

Uma mulher jovem sentia um anseio insaciável que ela não conseguia explicar. De repente, ficou claro para ela que esse sentimento não lhe pertencia mas à sua meia-irmã, do primeiro casamento de seu pai. Desde o segundo casamento do pai, ela não pudera mais vê-lo nem visitar seus meios-irmãos. Neste ínterim, emigrara para a Austrália e todas as pontes pareciam cortadas.

Não obstante, sua irmã, a cliente, restabeleceu contato com ela e convidou-a para visitá-la na Alemanha, mandando-lhe inclusive o bilhete para a viagem.

Porém o destino não se deixou mais mudar. A mulher desapareceu no caminho para o aeroporto.

O *tremor*

Num grupo, uma mulher começou a tremer com todo o seu corpo. Deixando que o fenômeno atuasse sobre ela, o dirigente do grupo reconheceu que aquele tremor pertencia a uma outra pessoa.

Perguntou então à mulher: “A quem pertence este tremor?” Ela respondeu: “Não sei”. Ele perguntou ainda: “Não será a um judeu?” Ela respondeu: “A uma judia”. Quando ela nasceu, um oficial nazista veio à sua casa para cumprimentar a mãe em nome do partido. Atrás da porta estava uma judia que tinha se escondido em sua casa. E ela tremia.

O *medo*

Um homem e uma mulher já estavam casados havia anos mas ainda não moravam juntos, pois o marido dizia que só achava trabalho numa cidade distante. Sempre que lhe diziam, no grupo, que ele podia fazer o mesmo trabalho na cidade da mulher, ele respondia com objeções. Assim, ficou claro que havia uma razão oculta que explicava seu comportamento.

O pai dele, que sofria de uma tuberculose grave, passara muitos anos num sanatório isolado. Quando, às vezes, visitava sua família, a mulher e o filho corriam o risco de contágio. O perigo já passara havia muito tempo, mas agora o filho assumira o mesmo medo e o mesmo destino do pai, e se mantinha afastado da mulher, como se seu contato também fosse perigoso.

Fora de contexto

Um rapaz que estava em risco de suicídio contou num grupo que, quando era criança, perguntara a seu avô: "Quando é que você finalmente vai morrer e ceder o seu lugar?" O avô achou muita graça mas o rapaz não se livrou mais daquela frase.

O dirigente do grupo julgou que a frase se fizera ouvir pela voz da criança porque não podia ser dita em outro contexto. E finalmente encontraram a resposta.

O outro avô, do lado materno, iniciou uma relação com sua secretária muitos anos antes, e pouco tempo depois a mulher dele ficou tuberculosa. A sentença: "Quando é que você finalmente vai morrer e ceder o lugar?" pertencia a esse contexto, embora o avô talvez não estivesse consciente dela. O desejo se realizou e a mulher morreu.

Contudo, membros subseqüentes da família assumiram inconscientemente a culpa e a expiação.

Em primeiro lugar, um dos filhos fugiu com a secretária, impedindo que o pai tirasse proveito da morte da mãe.

Em seguida, o neto que trouxe o problema se ofereceu para tomar sobre si a infausta sentença e expiar a culpa, colocando-se assim em risco de suicídio.

* * *

Trago mais um exemplo. Foi-me contado por um cliente numa carta, e atenho-me rigorosamente às suas informações.

A *expiação*

A bisavó desse cliente casou-se com um jovem camponês e ficou grávida dele. Ainda durante a gestação, o marido morreu, aos 27 anos de idade, num dia 31 de dezembro e, segundo constou, devido a uma febre cerebral. Fatos graves ocorridos a partir dessa época sugerem que essa mulher, quando ainda casada, teve um caso com o homem que veio a ser seu segundo marido, e que isso teve relação com a morte do primeiro marido. Levantou-se mesmo a suspeita de assassinato.

Essa mulher casou-se num dia 27 de janeiro com o segundo marido, que veio a ser o bisavô do cliente. Esse marido morreu de acidente quando um filho seu completou 27 anos. Nesse mesmo dia, 27 anos depois, um neto do bisavô morreu de um acidente semelhante. Outro neto dele desapareceu aos 27 anos.

Exatamente cem anos depois da morte do primeiro marido da bisavó, um bisneto enlouqueceu, por volta de 31 de dezembro, aos 27 anos, — portanto, com a idade e na data em que morrera o primeiro marido da bisavó — e enforcou-se no dia 27 de janeiro, aniversário do segundo casamento dela. Nessa ocasião sua mulher estava grávida, à semelhança da bisavó por ocasião da morte de seu primeiro marido.

O filho do suicida, sobrinho do cliente, completara 27 anos um mês antes da mencionada carta. O cliente tinha o pressentimento de que algo poderia acontecer ao sobrinho, mas julgava que o perigo maior seria no dia 27 de janeiro, aniversário do suicídio do pai. Assim, fez uma viagem com o intuito de protegê-lo e visitou com ele o túmulo do pai. Mais tarde, a mãe do rapaz contou que no dia 31 de dezembro ele ficara transtornado, pegara o revólver e fizera todos os preparativos para matar-se, mas ela e o seu segundo marido conseguiram demovê-lo da idéia. Isso se passou exatamente 127 anos depois da morte do primeiro marido da bisavó, sobre o qual, aliás, esses familiares nada sabiam.

No referido caso, portanto, um acontecimento atuou tragicamente até a quarta e a quinta gerações.

Mas a história ainda não termina aí. Alguns meses depois dessa carta, o cliente me procurou numa aguda crise de pânico porque sentia-se ameaçado de suicídio e não conseguia se defender contra esses pensamentos.

Eu lhe disse que se imaginasse diante do primeiro marido da bisavó, o encarasse, fizesse a ele uma profunda reverência, até o chão, e lhe dissesse: "Eu lhe presto homenagem. Você tem um lugar em meu coração. Por favor me abençoe se eu fico".

Então o fiz dizer à bisavó e ao bisavô: "Seja qual for a sua culpa, eu a deixo com vocês. Sou apenas uma criança". A seguir, disse-lhe que se imaginasse tirando cuidadosamente sua cabeça de uma corda, caminhando lentamente para trás e deixando-a pendurada. Ele fez tudo isso, sentindo-se depois aliviado e livre de seus pensamentos de suicídio. Desde então o primeiro marido da bisavó tornou-se seu amigo e protetor.

A *solução*

Com este último exemplo mostrei também uma solução que satisfaz de forma curativa às exigências da consciência oculta. Os excluídos recebem a homenagem, o lugar e a posição que lhes competem. E os que vêm depois deixam a culpa e suas conseqüências com aqueles a quem ela pertence, retirando-se humildemente do assunto. Assim se consegue um equilíbrio que traz reconhecimento e paz para todos.

A *compreensão*

Em nossos relacionamentos atuam, portanto, ordens que se manifestam nas consciências ou em seus efeitos. Quem conhece tais efeitos pode superar, pela compreensão, os limites das consciências. Onde as consciências cegam, a compreensão sabe; onde as consciências prendem, a compreensão libera; onde as consciências incitam, a compreensão inibe; onde as consciências paralisam, a compreensão age; e onde as consciências separam, a compreensão ama.

Para terminar, contarei outra história:

O caminho

Um filho procurou o velho pai e pediu-lhe:
"Pai, abençoa-me antes de partires!"
O pai falou: "Minha bênção será
acompanhar-te por um trecho
no início do caminho do saber".

Na manhã seguinte saíram para o campo
e partindo do vale estreito
subiram numa montanha.
Quando chegaram ao cume, a tarde caía
mas a paisagem, em todas as direções
até a linha do horizonte,
estava banhada de luz.

O sol se pôs, e com ele o seu radioso brilho.
Caiu a noite.
Mas quando escureceu
as estrelas luziram.

HISTÓRIAS QUE MUDAM RUMOS

Para começar vou contar-lhes uma história filosófica, onde os contendores lutam pelo saber e pela verdade, assim como outros, em outras histórias, lutam pela solução ou pela salvação.

Contudo, aqui também, quem parece ganhar não pode subsistir sem aquele que perde. Pois como alguém pode superar a fonte enquanto ainda bebe dela?

Porém, quando ouvimos uma história, não precisamos nos decidir. Enquanto ela dura, sentimo-nos maravilhosamente livres das oposições. Apenas quando voltamos a nos relacionar ou a agir, e por isso também temos de decidir, somos outra vez possuídos por elas.

Dois tipos de saber

Um erudito perguntou a um sábio
como as coisas individuais
se integram num todo,
e qual é a diferença
entre conhecer muitas coisas
e conhecer a plenitude.

O sábio respondeu:
"O que está disperso
se converte num todo

quando encontra um centro
onde se recolhe e atua.
Pois só através de um centro
o múltiplo se torna essencial
e real.
Sua plenitude nos aparece então
como simples, até modesta,
como uma força tranqüila
que se aplica ao imediato
e fica na base e próxima
daquilo que ela sustenta.

Assim, para experimentar
ou comunicar a plenitude,
não preciso conhecer ou dizer,
ter ou fazer
todas as coisas individualmente.

Quem entra numa cidade
atravessa um único pórtico.
Quem bate um sino uma vez
faz ressoar em uníssono
muitos outros sons,
e quem colhe a maçã madura
não precisa investigar sua origem:
ele a toma na mão
e a come".

O erudito objetou:
"Quem busca a verdade
também precisa conhecer
todas as particularidades".

Mas o sábio lhe respondeu:
"Só sobre verdades velhas
é que sabemos muito.

A verdade que nos faz progredir
é ousada e nova,
pois oculta o seu fim
como a semente oculta a árvore.

Assim, quem hesita em agir
querendo saber mais
do que lhe permite o próximo passo,
perde o que realmente atua.
Ele toma a moeda
pela mercadoria,
e transforma árvores
em lenha."

O erudito julgou que isso
era apenas uma parte da resposta
e pediu ao sábio
que explicasse um pouco mais.

Mas ele recusou com um gesto,
pois a plenitude começa
como um barril de mosto
doce e turvo,
que precisa de tempo para fermentar
até tornar-se límpido.
Quem tenta bebê-lo,
em vez de somente prová-lo,
fica logo tonto.

Caminhos da sabedoria

O sábio aceita o mundo como ele é,
sem medo e sem um propósito.

Está reconciliado com a impermanência
e não se esforça por algo que está além da morte.

Mantém a perspectiva, porque está em sintonia,
e só intervém enquanto o fluxo da vida o requer.

Sabe distinguir se algo é possível ou não
porque não tem um propósito.

A sabedoria é o fruto de longa disciplina e exercício,
Mas, quem a tem, a possui sem esforço.

A sabedoria está sempre a caminho
e atinge o alvo sem buscá-lo.
Ela cresce.

O *centro*

Alguém se decide afinal a saber. Monta em sua bicicleta e pedala para o campo aberto, afastando-se do caminho habitual e seguindo por outra trilha.

Como não existe sinalização, ele tem de confiar apenas no que vê com os próprios olhos diante de si e no que mede com seu avanço. O que o impulsiona é, antes de tudo, a alegria de descobrir. E o que para ele era mais um pressentimento, agora se transforma em certeza.

Eis, porém, que o caminho termina diante de um largo rio. Ele desce da bicicleta. Sabe que, se quiser avançar, terá de deixar na margem tudo o que leva consigo. Perderá o solo firme, será carregado e impulsionado por uma força que pode mais do que ele, terá de entregar-se a ela. Por isso hesita e recua.

Pedalando de volta para casa, dá-se conta de que pouco conhece do que poderia ajudar e dificilmente conseguirá comunicá-lo a outros. Já tinha vivido, por várias vezes, a situação de alguém que corre atrás de outro ciclista para avisá-lo de que o pára-lama está solto: "Ei, você aí, o seu pára-lama está batendo!" — "O quê?" — "O seu pára-lama está batendo!" — "Não consigo entender", grita-lhe o outro, "meu pára-lama está batendo!"

"Alguma coisa deu errado aqui", pensa ele. Pisa no freio e dá meia-volta.

Pouco depois, encontra um velho mestre e pergunta-lhe: "Como é que você consegue ajudar outras pessoas? Elas costumam procurá-lo, para pedir-lhe conselho em assuntos que você mal conhece. Não obstante, sentem-se melhor depois".

O mestre lhe responde: "Quando alguém pára no caminho e não quer avançar, o problema não está no saber. Ele busca segurança quando é preciso coragem, e quer liberdade quando o certo não lhe deixa escolha. Assim, fica dando voltas.

O mestre, porém, não cede ao pretexto e à aparência. Busca o próprio centro e, recolhido nele, espera por uma palavra eficaz que o alcance, como alguém que abre as velas e aguarda pelo vento. Quando alguém o procura, encontra-o no mesmo lugar aonde ela própria deve ir, e a resposta vale para ambos. Ambos são ouvintes".

E o mestre acrescenta: "No centro sentimos leveza".

* * *

A pura verdade nos parece clara
mas, como a lua cheia,
esconde um lado obscuro.
Porque brilha, ela ofusca.
Assim, quanto mais tentamos
agarrar ou fazer valer
a face que nos mostra,
tanto mais inapreensível
sua face oculta
se furta secretamente
aos nossos conceitos.

A *volta*

Alguém nasce dentro da sua família, da sua pátria, da sua cultura. Desde criança ouve falar de seu modelo, professor e mestre, e sente um desejo profundo de tornar-se e ser como ele.

Junta-se a pessoas que têm o mesmo propósito, disciplina-se por muitos anos e segue seu grande modelo, até tornar-se igual a ele — até que pensa, fala, sente e quer como ele.

Entretanto, julga que ainda lhe falta uma coisa. Assim, parte para uma longa viagem, buscando transpor talvez uma última fronteira na mais distante solidão. Passa por velhos jardins, há muito abandonados, onde apenas continuam florescendo rosas silvestres. Grandes árvores dão frutos todos os anos, mas eles caem esquecidos no chão porque não há quem os queira. Daí para a frente, começa o deserto.

O viajante é logo cercado por um vazio desconhecido. Para ele todas as direções se confundem, e as imagens que esporadicamente surgem diante dele são logo reconhecidas como vazias. Caminha ao sabor dos impulsos. Quando já tinha perdido, há muito tempo, a confiança nos próprios sentidos, avista diante de si a fonte. Ela borbulha do solo e nele imediatamente se infiltra. Porém, até onde a água alcança, o deserto se converte num paraíso.

Olhando em volta, o viajante vê então dois estranhos se aproximarem. Tinham procedido exatamente como ele. Seguiram seus próprios modelos até se tornarem iguais a eles. Partiram igualmente para uma longa viagem, buscando transpor talvez uma última fronteira, na solidão do deserto. E, como ele, encontraram a fonte. Juntos, os três se curvam, bebem da mesma água e acreditam que estão perto de atingir a meta. Depois, dizem seus nomes: "Eu me chamo Gautama, o Buda". "Eu me chamo Jesus, o Cristo." "Eu me chamo Maomé, o Profeta."

Então chega a noite, e acima deles brilham as estrelas, como sempre brilharam, extremamente distantes e silenciosas. Os três se calam. Um deles sabe que está mais próximo do grande modelo do que jamais estivera antes. É como se pudesse, por um momento, pressentir o que Ele sentira quando conheceu a impotência, a frustração, a humildade. E como deveria sentir-se se conhecesse igualmente a culpa. E julgou ouvi-Lo dizer: "Se vocês me esquecessem, eu teria paz".

Na manhã seguinte ele retorna, fugindo do deserto. Mais uma vez, seu caminho o leva por jardins abandonados, até que chega a um jardim que lhe pertence. Diante da entrada está um velho, como se estivesse esperando por ele. O velho lhe diz: "Quem vai tão longe e encontra, como você, o caminho de volta, ama a terra úmida. Sabe que tudo o que cresce também morre, e quando acaba nutre". "Sim", responde o outro, "eu concordo com a lei da terra". E começa a cultivá-la.

O vazio

Alguns discípulos deixaram um mestre
e, ao voltarem para casa,
perguntaram-se, decepcionados:
"O que fomos buscar com ele?"

Um deles comentou:
"Embarcamos cegamente num coche
que um cocheiro cego
com cavalos cegos
cegamente tocava para a frente.
Mas se nós mesmos, como os cegos,
andássemos tateando,
ao chegar à beira do abismo
talvez percebêssemos,
com nossa bengala,
o vazio".

* * *

As imagens claras e os mitos claros
fazem parte da obscuridade da mente
que o herói supera em seu caminho
para não perder a cabeça.

As imagens que atuam são obscuras.

A conversão

Há algum tempo foi descoberto um manuscrito onde várias parábolas de Jesus são contadas de um modo um tanto diferente do que nos acostumamos a ouvi-las. Uma acurada pesquisa mostrou que, do ponto de vista do conteúdo, não podemos duvidar de sua autenticidade. Uma das parábolas que ali são contadas de maneira algo diferente é a do filho pródigo. Na nova versão, ela soa mais ou menos assim:

Um homem tinha dois filhos. O mais novo disse ao pai: "Pai, dá-me a parte dos bens que me cabe". O pai ficou triste, pois percebeu o que o filho secretamente tramava. Mas deu-lhe o que pedia.

Poucos dias depois, o filho empacotou tudo, mudou-se para um país distante e dissipou sua fortuna com uma vida desregrada.

Depois que perdeu tudo passou fome e pôs-se a serviço de um camponês do país, tomando conta de seus porcos. De bom grado teria se alimentado da comida dos porcos, mas ninguém lha dava.

Na casa do camponês encontrou um jovem que tinha procedido da mesma forma que ele. Também pedira ao pai sua parte nos bens, fora para aquela terra distante, dissipara sua fortuna com uma vida desregrada e acabara igualmente cuidando dos porcos.

Então ambos caíram em si. E um deles disse: "Os servos do meu pai têm comida abundante e eu, seu filho, estou aqui morrendo de fome. Vou levantar-me, voltar para meu pai e dizer-lhe: 'Pai, pequei contra o céu e contra ti. Não mereço mais ser chamado teu filho. Aceita-me como um dos teus servos'".

O outro disse: "Vou fazer diferente. Amanhã cedo vou à praça do mercado, procuro um trabalho melhor, poupo um pequeno pecúlio, caso-me com uma das filhas do lugar e vivo como as outras pessoas daqui".

Então Jesus encarou seus ouvintes e perguntou: "Qual dos dois cumpriu melhor a vontade do meu Pai?"

Infelizmente não me lembro do número do manuscrito.

O julgamento

Um rico morreu. Chegando à portaria do céu, bateu e pediu para entrar. Pedro abriu-lhe a porta e perguntou o que ele queria.

O rico disse: "Quero um apartamento de primeira, com uma linda vista da Terra, e diariamente meu prato predileto e o último jornal".

De início, Pedro se opôs mas, quando o rico ficou impaciente, levou-o a um apartamento de primeira, trouxe-lhe o prato favorito e o último jornal. Virou-se mais uma vez e disse: "Em mil anos voltarei!" E trancou a porta atrás de si.

Passados mil anos ele voltou, e olhou pela fresta da porta. "Finalmente você está aí!", gritou o rico. "Este céu é horroroso!"

Pedro abanou a cabeça. "Você está enganado", disse ele. "Aqui é o inferno."

O *embotamento*

Um circo adquiriu um urso polar. Como só precisavam dele para exposição, ficou trancado num carro, onde o espaço era tão estreito que o urso não podia virar-se. Só dava dois passos para a frente e dois para trás.

Passados muitos anos, tiveram pena dele e o venderam a um zoológico. Ali ele dispunha de um amplo espaço para se movimentar, mas continuou dando somente dois passos para a frente e dois para trás. Um outro urso lhe perguntou: "Por que você faz isso?" E ele respondeu: "Porque fiquei muito tempo preso num carro estreito".

* * *

Nossa prontidão para olhar é impedida, com freqüência, por sentirmos como obrigação e inocência o que é mau para nós e, como traição a uma ordem e culpa, o olhar que aponta soluções. Então se substitui o olhar por uma imagem interna, e o que já passou atua como se ainda estivesse presente.

Por vezes, a imagem interna nasce do simples ouvir dizer e cria uma ordem baseada somente na imaginação. Então se substitui o olhar pelo ouvir, a verdade pelo arbítrio e o saber pela crença.

A *curiosidade*

Um homem perguntou a um amigo: "Você entende de possessão?"

"Talvez", respondeu o amigo. "O que o está preocupando?"

"Fui com minha mulher a uma vidente, e ela disse que minha mulher está possuída pelo demônio. O que devo fazer agora?"

O amigo lhe respondeu: "Isso acontece, e com razão, a quem procura essas pessoas. Agora quem está possuído é você, mas por uma imagem interna, e dela não se livrará tão cedo.

Você já ouviu falar de Fernando Cortez? Com apenas algumas centenas de soldados conquistou o imenso reino dos astecas. Sabe como conseguiu isto?

Ele não sabia o que os outros pensavam".

* * *

Há histórias das quais precisamos reter pouca coisa. Nós as ouvimos como uma sinfonia. Reconhecemos uma primeira melodia, depois uma segunda, entendemos palavras isoladas do coral. Então movemos os dedos das mãos ou dos pés, acompanhando o ritmo. Na seqüência final, talvez, um arrepio nos corre pelas costas e persiste algum tempo. Sem saber como, sentimo-nos estimulados, como se um vento fresco soprasse pela janela.

A *concentração*

O soberano de um reino pujante, cujas fronteiras se abriam em todas as direções, suspeitava que seus suseranos se importavam mais com as próprias províncias do que com o reino como um todo. Assim, convidou-os para um congresso em sua corte na capital.

O primeiro deles governava as terras altas, uma ampla extensão de terra fértil que era o jardim do reino. Seus súditos eram famosos por sua lucidez e por sua perspicácia, sua sensibilidade à beleza e seu modo simples de viver. Eram um povo habilidoso e alegre.

O segundo governava as montanhas centrais, em cujos vales se ouvia o eco até os últimos confins. De seus súditos se dizia que eram estritos, respeitavam a ordem e a justiça e tinham os melhores funcionários. Também cultivavam muita música em suas casas.

O terceiro governava as terras baixas, limitadas a leste pelo mar e ainda largamente inexploradas. Seus súditos habitavam a estreita faixa costeira, cultivavam jardins cercados e pouco sabiam uns dos outros e do mundo distante. Porém alguns deles se haviam aventurado pelo mar desconhecido. Ao retornarem já conheciam os mistérios das profundezas, seus perigos e sua beleza. Mas pouco falavam disso.

Quando os três chegaram à corte, o soberano os recebeu em seu salão mais suntuoso, decorado por artistas itinerantes das terras altas.

Em suas paredes, luminosos afrescos faziam desvanecer os limites do espaço. O teto tinha sido pintado de fora a fora, de uma forma tão enganadora que dava às pessoas a impressão de estarem ao ar livre e contemplarem o céu aberto. Através de amplas janelas o olhar caía sobre jardins floridos. A mesa estava ornada com grinaldas de flores, numa profusão de formas e cores que fascinavam os olhos por sua beleza.

Das montanhas centrais foram convidados músicos, mestres em seus instrumentos, para tocarem e deliciarem os ouvidos dos hóspedes.

O primeiro deles dedilhou acordes, extraindo sons fascinantes como gotas caindo numa caixa de prata. Quando apanhava as cordas em cheio, um ressoar de muitas vozes ecoava pelo recinto, abrandava-se como se flutuasse em paragens distantes, e seu toque refinado fazia ressoar o próprio silêncio.

O segundo músico alisava o violino com seu arco. Seus tons soavam suaves e derramados, cresciam e se abrandavam, ciciavam levemente, chapinhavam, soluçavam às vezes, acariciavam como arrulhos de pombos, rangiam agudamente e fluíam outra vez, suaves e cheios.

O terceiro soprava um clarim dourado que soava como o brilho de um sol poderoso ao romper do dia. As janelas vibravam como se fossem estalar com a agudeza dos tons.

O quarto músico soprava um tubo de bambu, e os sons lembravam ora uma respiração fluindo, ora um pássaro gorjeando, ora uma tempestade bramindo. Seguiam-se sons como um trinado de pássaros ou como um hálito que expira.

O quinto batia agilmente com martelos sobre madeiras dispostas lado a lado, produzindo sons como de vidros ou de repiques de sinos de prata sacudidos pelo vento.

O sexto músico tocava um órgão de tubos com oito registros, que o faziam sussurrar, zumbir, ressoar, retinir, bramir, marulhar, rugir, retumbar. O órgão dava aos outros instrumentos a ressonância dos tons baixos, e o seu som era tão potente que o salão estremecia, como se vibrasse em uníssono.

Das terras baixas foram convidados, para entreter os hóspedes, saltimbancos e acrobatas. Eles andavam sobre pernas de pau, davam saltos para os lados, faziam piruetas e mímicas, e depois se estiravam para alongar os músculos. Um deles andava sobre uma corda bamba e fazia malabarismos com os pés descalços e os olhos vendados.

Então chegaram os cozinheiros com suas travessas fumegantes e sentiu-se o aroma das iguarias. O chefe dos garçons provou o vinho gelado, deixou-o rolar sob a língua, saboreou seu aroma, sentiu como aderia suavemente ao palato, aspirou o buquê e soltou um espirro, mas logo recuperou a pose, pois os convidados começavam a entrar.

Foi uma festa inebriante. Na verdade, passou-se algum tempo até que os hóspedes pudessem se entender. Mas então se apreciaram, apresentaram mutuamente suas artes e seus artistas, beberam à sua fraternidade e não queriam mais separar-se.

Apenas o soberano se manteve estranhamente retraído. Pois reconheceu que os seus hóspedes lhe eram estranhos e que ele precisava, para conhecê-los realmente, visitá-los por sua vez.

Na manhã seguinte os três suseranos apareceram juntos em público. Pelo meio-dia retomaram o caminho de casa para retornar às suas províncias familiares.

Quanto ao soberano, diz-se que partiu bem cedo para fazer a viagem — que havia muito tempo ele precisava fazer — para visitar suas províncias e chegar às fronteiras do seu próprio país.

Tudo

Um célebre filósofo defendeu a opinião de que um asno, colocado exatamente no meio e a igual distância de dois montes de feno iguais, cheirosos e de bom aspecto, morreria de fome, pois não conseguiria se decidir entre eles.

Ouvindo isso, um camponês comentou: "Isso só acontece com um asno filosófico. Porque um asno verdadeiro, em lugar de escolher, devora ambos os montes".

O mesmo

A brisa sopra e sussurra,
a tempestade varre e enfurece;
e, no entanto, é o mesmo vento,
o mesmo canto.

A mesma água
nos sacia e afoga,
carrega e sepulta.

O que vive se desgasta,
se conserva e destrói.
Em ambos o impele
a mesma força.

É ela que importa.

A quem servem, então, as diferenças?

* * *

As histórias, quando são boas, dizem mais do que devem e mais do que nos dão a entender. Elas nos escapam, da mesma forma como nossos atos escapam de nossas intenções e um acontecimento escapa de sua interpretação.

Por isso, ao ouvirem histórias, algumas pessoas fazem como alguém que vai de manhã a uma estação e embarca num trem que o leva a um destino distante. Busca um assento junto à janela e olha para fora. As imagens vão se sucedendo: altas montanhas, pontes ousadas, rios fluindo para o mar. Em breve, com o aumento da velocidade, ele já não consegue captar individualmente as imagens. Então se recosta e as acolhe como um todo. Mas à noite, ao desembarcar, ele diz: "Vi e vivi muitas experiências".

A compreensão

Um grupo de correligionários, que se tinham por iniciantes, reuniu-se e discutiu seus planos para melhorar o futuro. Eles concordaram em agir de modo diferente, pois os oprimia o habitual, o quotidiano, a perpétua rotina. Buscavam o especial, o distante, e esperavam encontrar seu caminho como ninguém até então conseguira. Mentalmente já se viam na meta e pintavam como ela seria. E resolveram agir. "Antes de tudo", disseram, "precisamos procurar o grande mestre, pois é assim que se começa". E puseram-se a caminho.

O mestre morava em outro país e pertencia a um povo estrangeiro. Dele se contavam muitas maravilhas mas ninguém parecia conhecê-las exatamente. Ali os companheiros logo saíram da rotina. Pois tudo era diferente: os costumes, a paisagem, a língua, os caminhos, a meta. Por vezes, chegavam a algum lugar onde se dizia que o mestre estava; mas, quando perguntavam, diziam-lhes que ele acabara de partir e não sabiam para onde. Finalmente conseguiram encontrá-lo.

Ele estava na casa de um camponês, onde ganhava o sustento e um quarto para passar a noite. Inicialmente os companheiros não queriam acreditar que era ele o mestre longamente desejado, e até mesmo o camponês se espantou por julgarem tão especial aquele homem que o ajudava no campo. Mas ele confirmou: "Sim, sou um mestre. Se quiserem aprender comigo, fiquem uma semana aqui e eu lhes ensinarei".

Os companheiros se empregaram com o mesmo camponês e dele recebiam comida, bebida e pousada. No oitavo dia, ao cair da noite, o mestre os chamou, sentou-se com eles debaixo de uma árvore e contou-lhes a seguinte história:

"Muito tempo atrás, um jovem refletiu sobre o que pretendia fazer de sua vida. Descendia de uma família nobre, fora poupado de privações e sentia-se obrigado a realizar coisas mais elevadas e melhores. Assim, deixou seu pai e sua mãe e reuniu-se aos ascetas durante três anos. Depois deixou-os também, encontrou o próprio Buda, mas reconheceu que isso também não lhe bastava. Queria subir mais alto, até as regiões onde o ar é rarefeito e a respiração difícil, onde ninguém chegara antes dele. Quando chegou lá, parou. Era o fim desse caminho, e ele sentiu que era um caminho errado.

Quis então mudar de rumo. Desceu da montanha, chegou a uma cidade, conquistou a mais bela das cortesãs, associou-se a um rico negociante e em breve também se tornou rico e bem conceituado.

Contudo, ainda não havia descido ao fundo do vale, apenas se mantinha na borda superior. Faltava-lhe coragem para um compromisso pleno. Tinha uma amante mas não uma mulher, ganhara um filho mas não era um pai. Aprendera a arte do amor e da vida, não porém o amor e a vida em si. Assim, começou a desprezar o que não tinha assumido, até que se fartou daquilo e o abandonou também".

Aqui o mestre fez uma pausa. "Talvez vocês conheçam essa história", disse ele, "e também saibam como ela termina. O homem acabou tornando-se humilde e sábio e dedicado à vida comum. Mas o que importa isso se antes tanta coisa foi perdida? Quem confia na vida não despreza o que está próximo e não foge para o distante. Ele começa dominando o comum. Caso contrário, o que ele julga extraordinário — caso realmente exista — não será mais que um chapéu na cabeça de um espantalho".

Fez-se silêncio, e o mestre também se calou. Então levantou-se calado e retirou-se.

Na manhã seguinte não o encontraram. Partira durante a noite, sem revelar seu destino.

Os companheiros se viram entregues de novo a si mesmos. Alguns não queriam reconhecer que o mestre os havia abandonado e partiram novamente à sua procura. Outros mal conseguiam discernir entre seus desejos e seus medos. Sem escolha, buscavam qualquer caminho.

Um deles, porém, refletiu. Retornou à mesma árvore, sentou-se e fixou o olhar na distância, até que sentiu paz em seu íntimo. Aquilo que o oprimia ele pôs para fora e o colocou diante de si, como alguém que, depois de longa caminhada, larga a mochila antes de descansar. E sentiu-se leve e livre.

Então ficaram diante dele: seus desejos — seus medos — suas metas — sua necessidade real. E, sem olhar de mais perto e sem buscar algo bem definido — antes, como alguém que se entrega ao desconhecido –, esperou que cada coisa se ajeitasse por si mesma no lugar que lhe cabia no todo, conforme seu peso e sua posição.

Depois de algum tempo, notou que lá fora havia menos movimento e que alguns se esgueiravam, como ladrões descobertos procurando afastar-se. Ocorreu-lhe então que o que vinha considerando como seus próprios desejos, seus próprios medos e suas próprias metas, realmente jamais lhe pertencera. Era algo que viera de algum outro lugar e apenas se aninhara nele. E seu momento já passara.

Teve a impressão de que o que restava diante dele recuperava o movimento, e que retornava a ele o que realmente lhe pertencia, cada coisa se colocando no devido lugar. Em seu centro se acumulava uma força. Então reconheceu sua própria meta, aquela que lhe convinha. Esperou mais um pouco até sentir-se seguro. Em seguida levantou-se e partiu.

A plenitude

Um jovem perguntou a um velho:
"O que distingue você,
que quase já foi,
de mim, que ainda serei?"

O velho respondeu: "Eu fui mais.

De fato, o dia jovem que surge
parece ser mais do que o velho,
pois este já foi antes dele.

Todavia, embora ainda esteja nascendo,
só poderá ser o que ele foi,
e tanto mais
quanto mais ele tiver sido.
Como o velho, em seu tempo,
ele se eleva até o meio do dia,
chega ao pino antes do pleno calor
e parece demorar-se no alto
— quanto mais tempo, melhor —

até que declina para o poente,
como que arrastado
por seu peso crescente,
e só se completa quando,
como o velho,
tiver sido plenamente.

Entretanto, o que já foi não passou,
porque foi, permanece.
Embora tenha sido, ele atua
e se acresce através do novo
que vem depois dele.

Como a gota redonda
de uma nuvem que passou,
o que já foi mergulha
num oceano que permanece.

Somente o que nunca chegou a ser
porque foi apenas sonhado, não vivido,
apenas pensado, mas não realizado,
apenas idealizado, mas não pago
como preço pelas nossas escolhas:
somente isso passou;
disso, nada nos resta.

O Deus do momento oportuno
nos aparece, portanto, como um jovem
com uma franja na frente e uma careca atrás.
Pela frente, o apanhamos pela franja.
Por trás, tateamos o vazio".

O jovem perguntou:
"Que devo fazer,
para me tornar
o que você foi?"

O velho respondeu: "Seja!"

ORDENS DO AMOR ENTRE PAIS E FILHOS E DENTRO DO GRUPO FAMILIAR

De início, direi algo sobre a atuação conjunta da ordem e do amor. Como é um texto denso, deve ser lido devagar.

Ordem e amor

O amor preenche o que a ordem abarca.
O amor é a água, a ordem é o jarro.

A ordem reúne,
o amor flui.
Ordem e amor atuam unidos.

Como uma canção obedece às harmonias
o amor obedece à ordem.
E, como é difícil para o ouvido
acostumar-se às dissonâncias,
— mesmo que sejam explicadas —,
é difícil para a alma
acostumar-se ao amor sem ordem.

Alguns tratam essa ordem
como se ela fosse uma opinião
que eles podem ter ou mudar à vontade.

Contudo, ela nos é preestabelecida.
Ela atua, mesmo que não a entendamos.
Não é inventada, mas descoberta.
Nós a depreendemos,
como ao sentido e à alma,
por seus efeitos.

As diferentes ordens

É, portanto, pelos efeitos que descobrimos as ordens do amor, bem como as leis segundo as quais perdemos ou ganhamos no amor. Aí se evidencia que relacionamentos da mesma espécie — por exemplo, relações de casal — estão sujeitos à mesma ordem, e relacionamentos de diferentes espécies seguem ordens diferentes.

Assim, as ordens do amor são diferentes para a relação do filho com seus pais e para as relações dentro do grupo familiar; são diferentes para a relação conjugal entre o homem e a mulher e para a relação do casal, como pais, com os filhos; e, finalmente, são diferentes para a nossa relação com a totalidade que nos sustenta, isto é, para o que conhecemos como espiritual ou religioso.

Pais e filhos

Pertence às ordens do amor entre pais e filhos, em primeiro lugar, que os pais dêem e os filhos tomem. Os pais dão a seus filhos o que antes tomaram de seus pais e o que, como casal, tomaram um do outro.

Os filhos tomam, antes de tudo, seus pais como pais e secundariamente aquilo que os pais lhes dão por acréscimo. Em compensação, aquilo que tomaram dos pais eles posteriormente transmitem a outros e, principalmente, como pais, aos próprios filhos.

Alguém só pode dar porque antes recebeu, e tem o direito de receber porque mais tarde também dará.

Quem vem primeiro deve dar mais, porque também recebeu mais, e quem vem depois necessariamente recebe mais. Entretanto, também ele, quando já tiver recebido bastante, dará aos que vierem depois. Assim, dando e tomando, todos se sujeitam à mesma ordem e seguem a mesma lei.

Esta ordem também vale para o dar e tomar entre irmãos. Quem veio antes deve dar aos que vieram depois, e quem vem depois deve tomar dos que vieram antes. Quem dá, já recebeu antes, e quem recebe, também precisa dar depois. Por essa razão, o primeiro filho dá ao segundo e ao terceiro, o segundo recebe do primeiro e dá ao segundo e o terceiro recebe do primeiro e do segundo. O filho mais velho dá mais e o mais novo recebe mais. Em compensação, o mais novo freqüentemente cuida dos pais quando envelhecem.

Esse movimento descendente é visualmente descrito no poema de Conrad Ferdinand Meyer:

A fonte romana

O jato d'água se ergue
e se derrama em cheio
sobre a taça de mármore;
que, enchendo-se, transborda
para a segunda taça;
esta se enriquece e verte
para a terceira taça;
e cada uma, ao mesmo tempo,
recebe e dá,
flui e repousa.

Honrar a dádiva

Em segundo lugar, pertence às ordens do amor entre pais e filhos e entre os irmãos, que aquele que recebe honre a dádiva recebida e a pessoa de quem a recebeu. Quem recebe dessa maneira ostenta a dádiva recebida, fazendo-a brilhar. E, embora ela continue a fluir dele para os que vêm depois, seu brilho reflui para o doador, da mesma forma como, na imagem da fonte romana, a taça inferior reflete para a superior a água que recebe dela e o céu acima de ambas.

Em terceiro lugar, as ordens do amor na família incluem uma hierarquia. Como o dar e o receber, ela se desenvolve de cima para baixo, de acordo com a ordem no tempo. Com isso, os pais têm precedência sobre os filhos, e o primeiro filho sobre o segundo.

O fluxo do dar e do receber, que vem de cima para baixo, e o fluxo do tempo, que transcorre do antes para o depois, não podem ser sustados, invertidos ou mudados de direção, de modo a fluírem de baixo para cima ou do depois para o antes. Por essa razão, os filhos sempre se subordinam aos pais, e os sucessores sempre vêm depois dos antecessores. O dar e o tomar, juntamente com o tempo, sempre flui para diante, nunca para trás.

A vida

Naquilo que os pais dão e os filhos recebem, não se trata de uma forma qualquer de dar e tomar, mas do dar e tomar a vida. Ao dar a vida aos filhos, os pais não lhes dão algo que lhes pertence. Dão-lhes, com a vida, a si mesmos, tais como são, sem acréscimo e sem exclusão. Portanto, os pais nada podem acrescentar à vida que dão, e também nada podem excluir dela ou reservar para si. E por essa razão os filhos, quando recebem dos pais a vida, também não podem acrescentar-lhe nada, nem deixar de lado ou recusar algo dela. Pois os filhos não somente *têm* os seus pais, eles *são* os seus pais.

Faz parte, portanto, da ordem do amor que a criança tome sua vida tal como os pais a dão, como uma totalidade, e que tome seus pais como eles são, sem qualquer outro desejo, sem recusa e sem medo.

Esse ato de tomar é um ato de humildade. Significa meu assentimento à vida e ao destino, tal como me foi predeterminado através de meus pais; aos limites que me foram impostos, às possibilidades que me foram dadas, aos enredamentos no destino dessa família, na culpa dessa família, ou no que haja de pesado e de leve nessa família, seja o que for.

Podemos experimentar em nós os efeitos dessa aceitação imaginando que nos ajoelhamos diante de nosso pai e de nossa mãe, nos inclinamos profundamente até o chão, estendemos as mãos para a frente, com as palmas para cima, e lhes dizemos: "Eu lhes presto homenagem". Então nos levantamos, olhamos nos olhos do pai e da mãe e lhes agradecemos pelo presente da vida, dizendo-lhes, por exemplo:

Agradecimento ao despertar da vida

"Querida mamãe,
eu recebo a vida de você,
tudo, a totalidade,
com tudo o que ela envolve,
pelo preço total que custou a você
e que custa a mim.
Vou fazer algo dela, para a sua alegria.
Que não tenha sido em vão!

Eu a mantenho e honro
e a transmitirei, se me for permitido,
como você fez.

Eu tomo você como minha mãe
e você pode ter-me como seu(sua) filho(a).

Você é a mãe certa para mim
e eu o(a) filho(a) certo(a) para você.

Você é a grande, eu sou o(a) pequeno(a).
Você dá, eu recebo — querida mamãe.

E me alegro porque você aceitou meu pai.
Vocês dois são os certos para mim.
Só vocês!"

Em seguida, diz-se o mesmo ao pai:

"Querido papai,
eu recebo a vida também de você,
tudo, a totalidade,
com tudo o que ela envolve,
e pelo preço total que custou a você
e que custa a mim.

Vou fazer algo dela, para sua alegria.
Que não tenha sido em vão!

Eu a mantenho e honro
e a transmitirei, se me for permitido,
como você fez.

Eu tomo você como meu pai,
e você pode ter-me como seu(sua) filho(a).

Você é o pai certo para mim,
E eu sou o(a) filho(a) certo(a) para você.

Você é o grande, eu sou o(a) pequeno(a).
Você dá, eu recebo — querido papai.

Eu me alegro porque você aceitou minha mãe.
Vocês dois são os certos para mim.
Só vocês!"

* * *

Quem consegue realizar esse ato fica em paz consigo mesmo, sente-se certo e inteiro.

A *recusa*

Algumas pessoas julgam que, se tomarem os pais dessa maneira, poderá infiltrar-se nelas algo de mau que receiam: por exemplo, um traço dos pais, uma deficiência ou uma culpa. Então também se fecham ao lado bom dos pais e não aceitam a vida em sua totalidade.

Muitos que se recusam a assumir completamente seus pais procuram compensar essa carência, e então talvez busquem a realização pessoal ou a iluminação espiritual. A busca dessas metas não passa, neste caso, de uma busca secreta do pai que não foi aceito ou da mãe que não foi aceita. Pois quem rejeita seus pais rejeita a si mesmo e sente-se, nessa mesma medida, irrealizado, cego e vazio.

O que é especial

Existe, porém, outro ponto a considerar. É um mistério, não posso justificá-lo. Mas, quando falo disso, deparo com uma aceitação imediata.

Cada indivíduo percebe que possui também algo de único que não pode derivar de seus pais. Também isso temos de aceitar. Pode ser algo leve ou pesado, algo bom ou algo ruim. Isso não podemos discriminar. Seja o que for que alguém faça ou omita, apóie ou combata, ele foi tomado a serviço, querendo ou não. Vivemos isso como uma tarefa ou como um chamado que não se baseia em nossos méritos, nem em nossa culpa (por exemplo, quando se trata de algo pesado ou, talvez, algo cruel). De uma forma ou de outra, fomos simplesmente tomados a serviço.

As boas dádivas dos pais

Entretanto, nossos pais não nos dão somente a vida. Eles também nos nutrem, educam, protegem, cuidam de nós, dão-nos um lar. E é justo que aceitemos tudo isso tal como o recebemos deles. Assim, dizemos a eles: "Eu tomo tudo — com amor". Isto, naturalmente, se inclui: "com amor". Essa é uma forma de receber que simultaneamente compensa, porque os pais se sentem respeitados e dão com mais prazer.

Se recebemos assim de nossos pais, isso geralmente nos basta. Existem exceções que todos conhecemos. Pode não ser sempre o que desejamos, ou na medida em que desejamos. Mas, via de regra, é o bastante.

Quando o filho se torna adulto, ele diz aos pais: "Recebi muito, e isso basta. Eu o aceito para a minha vida". Então ele se sente satisfeito e rico. E acrescenta: "O resto eu mesmo faço". Também essa é uma bela frase. Ela nos torna autônomos. A seguir, o filho diz ainda aos pais: "E agora eu os deixo em paz". Então se solta deles. Não obstante, ele os conserva como pais e eles também o conservam como filho.

Quando, porém, o filho diz aos pais: "Vocês têm de me dar mais", o coração dos pais se fecha. Já não podem dar ao filho tanto quanto lhe davam, nem com o mesmo prazer, porque ele o exige. O filho, por sua vez, ainda que receba algo, não consegue tomá-lo; caso contrário, sua cobrança cessaria.

Quando um filho se obstina em sua exigência aos pais, não consegue desprender-se deles, pois sua cobrança o prende a eles. Contudo, apesar dessa amarra, o filho não tem os seus pais, nem os pais têm o filho.

O que é próprio dos pais

Além do que os pais são e dão, eles também têm coisas que conquistaram por merecimento ou sofreram como perdas. Isso lhes pertence a título pessoal, e os filhos só participam disso indiretamente. Os pais não podem nem devem dar aos filhos o que lhes pertence pessoalmente, e os filhos não podem nem devem aceitá-lo dos pais. Pois nisso cada pessoa é o artífice da própria felicidade e da própria desgraça.

Quando um filho se arroga o que é um bem ou direito pessoal dos pais, sem realização própria e sem um destino e um sofrimento pessoal, ele reivindica o que não tem e cujo preço não pagou.

O dar e tomar que serve à vida e à família muda-se em seu contrário quando um mais novo assume algo pesado em lugar de um mais velho: por exemplo, quando um filho assume, por um dos pais, uma culpa, uma doença, um destino, uma obrigação ou uma injustiça que foi cometida contra ele. Pois o mais velho não recebeu isso de outro antecessor como um presente bom a ser transmitido aos sucessores, mas pertence ao seu destino pessoal e permanece sob sua responsabilidade. Isso pertence à dignidade dessa pessoa e possui uma força e um bem especiais na medida em que ela o assume e os outros o deixam com ela. Esse bem ela pode dar a algum sucessor, não porém o preço que pagou por ele.

Entretanto, quando um mais novo assume algo de funesto em lugar de um mais velho, mesmo que seja por amor, ele se imiscui na esfera mais pessoal de alguém que hierarquicamente o precede e tira dessa pessoa e de seu destino funesto sua dignidade e força. Nesse caso, do lado bom do destino difícil já não resta a ambos a própria coisa, mas apenas o preço pago por ela.

A presunção

A ordem do dar e receber na família é subvertida quando um mais novo, ao invés de receber do mais velho e de honrá-lo por isso, pretende dar-lhe como se fosse igual ou mesmo superior a ele. Isso acontece, por exemplo, quando os pais querem receber dos filhos e os filhos querem dar aos pais o que estes não receberam dos próprios pais ou dos próprios parceiros.

Pois então os pais querem receber, como se fossem filhos, e os filhos querem dar, como se fossem pais. Com isso, o dar e receber, em vez de fluir de cima para baixo, tem de fluir de baixo para cima, contra a força da gravidade. Porém essa forma de dar, como um riacho que quisesse subir a montanha ao invés de descê-la, não alcança sua meta.

Há pouco tempo, tive num grupo uma mulher que tinha o pai cego e a mãe surda. O casal se completava bem, mas a filha achava que precisava cuidar deles. Então fiz a constelação da família, como costumo fazer quando quero trazer à luz coisas ocultas.

Durante a constelação a filha comportou-se como se fosse ela a grande e os pais os pequenos. Porém a mãe lhe disse: "Isso com seu pai eu posso resolver sozinha". E o pai lhe disse: "Isso com sua mãe eu posso resolver sozinho. Não precisamos de você para isso". A mulher ficou muito desapontada, pois foi devolvida ao seu tamanho de criança.

Na noite seguinte ela não conseguiu dormir, e me pediu ajuda. Eu lhe disse: "Quem não consegue dormir acha que precisa vigiar". Aí contei-lhe uma pequena história de Borchert. Em Berlim, no final da guerra, um menino tomava conta de seu irmão morto, para que os ratos não o devorassem. O garoto estava esgotado pois achava que tinha de vigiar. Então chegou um senhor amável e lhe disse: "Mas de noite os ratos dormem". E o menino adormeceu.

Na noite seguinte a cliente dormiu melhor.

Quando um filho infringe a hierarquia do dar e do tomar, ele se pune com severidade, freqüentemente com o fracasso e o declínio, sem tomar consciência da culpa e da conexão. Pois, como é por amor que ele transgride a ordem ao dar ou tomar o que não lhe compete, ele não se dá conta da própria presunção e julga que está agindo bem. Porém, a ordem não se deixa suplantar pelo amor. Pois o sentido de equilíbrio que atua na alma, anteriormente a qualquer amor, leva a ordem do amor a fazer justiça e compensação, mesmo ao preço da felicidade e da vida.

Por essa razão, a luta do amor contra a ordem está no início e no fim de toda tragédia. E só existe um caminho para escapar disso: compreender a ordem e segui-la com amor. Compreender a ordem é sabedoria, segui-la com amor é humildade.

A comunidade de destino

Pais e filhos também constituem uma comunidade que partilha um destino comum. Nela, cada um depende do outro de muitas maneiras e, na medida de suas possibilidades, precisa cooperar para o bem comum. Aqui cada um simultaneamente dá e recebe. Também os filhos dão aos pais: por exemplo, cuidando deles na idade avançada. Neste caso os pais têm o direito de exigir e de receber dos filhos.

Até aqui falei sobre as ordens do amor entre pais e filhos.

O grupo familiar

A segunda relação importante para nós nasce simultaneamente com nossa relação com nossos pais. Pois não pertencemos apenas aos nossos pais, pertencemos também ao nosso grupo familiar. Juntamente com nossos pais, temos também as linhagens de ambos e pertencemos a um grupo familiar em que elas se unem.

O grupo familiar se comporta como se fosse congregado por uma força que liga todos os seus membros e por um sentido de ordem e de equilíbrio que atua em todos da mesma forma. Pertencem a esse grupo todos os que essa força vincula e leva em consideração. E deixa de pertencer a ele aquele que não é mais ligado por essa força ou considerado por esse sentido. Assim, é possível discernir, pelo alcance dessa força e desse sentido, quem pertence ao grupo familiar.

Via de regra, fazem parte dele:

- os filhos, inclusive os mortos e os natimortos;
- os pais e seus irmãos, inclusive os mortos e os natimortos, bem como os nascidos fora do casamento e os meios-irmãos;
- os avós;
- eventualmente, também algum dos bisavós;
- incluem-se também pessoas sem laços de parentesco que tenham cedido lugar a outros no grupo familiar, como os parceiros anteriores dos pais ou dos avós, ou cuja desgraça ou morte tenha resultado em vantagem para outras pessoas do grupo familiar.

Os laços do grupo familiar

Os membros do grupo familiar são ligados entre si como uma comunidade de destino, onde o destino funesto de um membro afeta todos os demais e os leva a querer partilhá-lo com ele. Por exemplo, quando um dos filhos morre prematuramente numa família, outros irmãos desejam segui-lo. Às vezes, também, pais ou avós querem morrer porque desejam seguir um filho ou neto que faleceu. Ou ainda, quando num casal morre um parceiro, o outro, com freqüência, também deseja morrer. Então os sobreviventes dizem interiormente aos mortos: "Eu sigo você". Muita gente que tem câncer ou outra doença grave, sofre um sério acidente ou está em risco de suicídio é pressionada pelos laços desse destino e pelo amor proveniente dessa ligação e diz interiormente ao falecido: "Eu sigo você".

A essa atitude está estreitamente ligada a idéia de que uma pessoa pode entrar no lugar de outra, assumindo o sofrimento, a expiação e a morte em lugar dela e resgatando-a, assim, de seu destino. Por trás desse procedimento existe a frase: "Antes eu do que você".

Por exemplo, quando uma criança percebe que um membro de seu grupo familiar está gravemente doente, diz-lhe interiormente: "Antes adoeça eu do que você". Ou, ao ver que alguém da família incorreu numa culpa grave que precisa expiar, diz-lhe: "Antes pague eu do que você". Ou ainda, quando percebe que algum parente próximo deseja ir embora ou morrer, a criança lhe diz interiormente: "Antes desapareça eu do que você".

É de notar que são principalmente os membros mais jovens do grupo familiar, e em particular as crianças, que desejam sofrer, expiar ou morrer em lugar de outros. Tal substituição também ocorre entre os parceiros de uma relação.

Repare-se ainda que esse processo transcorre de modo amplamente inconsciente, não sendo compreendido nem pelos que se oferecem para substituir, nem por aqueles que eles pretendem ajudar. Mas a pessoa que conhece os laços do destino pode desprender-se conscientemente deles. Nas constelações familiares esses laços se revelam de forma particularmente impressionante.

A integridade

Um objetivo estreitamente associado aos laços do destino é a manutenção da integridade do grupo familiar. Com efeito, um poderoso sentido de ordem, cuja ação afeta igualmente a todos, exerce vigilância para que todos os membros do grupo familiar permaneçam nele, mesmo para além da morte. Pois o grupo familiar abrange tanto os vivos quanto os mortos, geralmente até a terceira geração, eventualmente alcançando a quarta e a quinta gerações. Por conseguinte, quando um membro se perde do grupo familiar porque lhe recusaram o pertencimento ou simplesmente o esqueceram, existe dentro do grupo uma necessidade irresistível de restaurar sua integridade. Isso faz com que o membro perdido seja como que revivido e representado por outro membro mais jovem, através de uma identificação.

Este processo também transcorre inconscientemente, e também aqui o peso de restaurar a integridade perdida recai principalmente sobre as crianças. Ilustro isso com um exemplo simples.

Um homem casado conhece uma outra mulher e diz à esposa: "Não quero mais viver com você". Se vier a ter filhos com a nova parceira, um deles irá representar a esposa abandonada, talvez dirigindo ao pai o mesmo ódio dela ou então afastando-se dele com a mesma tristeza dela. Essa criança, porém, não sabe que está tornando presente a pessoa excluída e fazendo-a valer. E tampouco seus pais têm consciência disso.

A responsabilidade no grupo familiar

Assim, no grupo familiar, membros inocentes são induzidos a responder por membros culpados, e a injustiça que os antecessores cometeram, ou que foi cometida contra eles, precisa ser reparada e compensada pelos sucessores. E são principalmente as crianças que a instância superior encarrega de compensar a injustiça. Isso certamente se liga ao fato de que, dentro do grupo familiar, também vigora uma hierarquia que concede prioridade aos membros anteriores sobre os posteriores, fazendo com que estes fiquem a serviço daqueles e sejam sacrificados em benefício deles. Portanto, no que diz respeito à compensação, não existe justiça no grupo familiar no que toca à equiparação entre as pessoas.

Direitos iguais de pertencimento

Entretanto, vigora no grupo familiar uma lei básica que reconhece a todos os que fazem parte do grupo o mesmo direito de pertencer-lhe. Esse direito é negado a alguns membros em muitas famílias e grupos familiares. Por exemplo, um homem casado tem um filho fora do casamento e sua mulher diz: "Não quero saber dessa criança nem da mãe dela. Elas não pertencem à nossa família". Ou, quando um membro da família teve um destino difícil — por exemplo, quando a primeira mulher do avô morreu de parto —, esse destino amedronta os outros e eles silenciam sobre essa pessoa, como se ela já não pertencesse à família. Ou, ainda, quando um membro da família exibe um comportamento desviante, os outros lhe dizem: "Você é uma vergonha para nós, e por isso o excluímos da família".

Muitos casos de arrogância moral significam apenas, na prática, que uns estão dizendo a outros: "Temos mais direito de pertencer à família do que vocês", ou: "Vocês têm menos direito de pertencer do que nós", ou ainda: "Vocês perderam seu direito de pertencer". Nesse contexto, "bom" significa apenas: "Tenho mais direitos", e "mau" significa somente: "Você tem menos direitos".

Muitas vezes também se nega esse direito a crianças que nasceram mortas ou faleceram prematuramente, na medida em que são esquecidas. Às vezes, os pais dão ao próximo filho o nome do irmão falecido, como se dissessem a ele: "Você não pertence mais à família, temos um substituto para você". Assim a criança morta perde até mesmo o próprio nome.

Quando os membros de um grupo familiar negam a um antepassado o direito de fazer parte dele, seja porque o desprezam ou temem o seu destino, seja porque não reconhecem que ele cedeu lugar a outros da família ou que ainda lhe devem algo, então alguém mais novo, pressionado pelo sentido da compensação, identifica-se com o mais velho, sem que tenha consciência disso e sem que possa evitá-lo. Assim, sempre que se nega a algum membro o direito de pertencer, existe no grupo familiar uma pressão irresistível para restaurar a integridade perdida e para compensar a injustiça cometida, no sentido de que o membro excluído seja representado e imitado.

Associa-se a isso o fato de que muitas vezes os membros remanescentes da família também sentem culpa diante de alguém que morreu prematuramente, como se fosse injustiça, em face do morto, o fato de continuarem vivos. Então querem compensar a injustiça impondo limites à sua própria vida, desconhecendo a razão por que o fazem.

A perda do direito de pertencimento

Se, porém, um membro do grupo familiar mata outro, ele perde seu direito de pertencimento e precisa ser excluído. Se ele permanece no grupo familiar, muitas vezes um outro membro da família, geralmente uma criança, vai embora em seu lugar. Assim, a brandura com um assassino implicará o rigor com uma criança inocente. A mesma regra vale para ameaças de morte e tentativas de assassinato. Os abortos, porém, não estão sujeitos a essa lei, embora tenham, às vezes, conseqüências pessoais semelhantes para os pais. Mas geralmente os filhos abortados não são representados por outros filhos.

Também outros assassinos perdem o direito de pertencimento, talvez porque continua atuando inconscientemente na alma a ordem da vingança pelo sangue. Sua exclusão representa aqui uma reparação oferecida ao sistema da vítima. Nesse particular também vale a lei: se o assassino não vai embora, freqüentemente vai um inocente em seu lugar; geralmente, ainda aqui, uma criança.

As ordens do amor

Reina, portanto, no grupo familiar uma ordem arcaica que aumenta a desgraça e o sofrimento, em vez de impedi-los. Pois, se algum sucessor, pressionado por um sentido cego de compensação, quiser posteriormente colocar em ordem algo que aconteceu a um antecessor, o mal não acabará mais. Essa lei conservará a sua força enquanto permanecer inconsciente. Quando for detectada, poderá ser satisfeita de outra forma e sem conseqüências funestas, pois efetivamente atuam outras ordens que, mesmo no que diz respeito à compensação, concedem aos membros mais novos os mesmos direitos dos mais antigos. A essas ordens eu chamo ordens do amor. Em contraposição ao amor cego, que procura compensar o mal com o mal dentro do grupo familiar, esse amor é sábio. Ele compensa de forma curativa e, através de ações boas, põe um fim nos acontecimentos infaustos.

Ilustrarei isso com alguns exemplos, começando com as frases: "Eu sigo você" e "Antes eu do que você".

Quando alguém diz interiormente essas frases, sugiro que as diga colocando-se diante da pessoa que ele deseja seguir ou em cujo lugar está disposto a sofrer, expiar ou morrer. Quando ele encara ao mesmo tempo essa pessoa, já não consegue dizer essas frases. Pois então reconhece que também ela o ama e recusaria seu sacrifício. O passo seguinte seria dizer a essa pessoa: "Você é grande, eu sou pequeno(a). Eu me curvo diante de seu destino e aceito o meu destino como me é dado. Por favor, abençoe-me se fico e se deixo que você se vá — com amor". Então fica ligado a essa pessoa com um amor muito mais profundo do que quando quer segui-la ou assumir o destino dela em seu lugar. Então essa pessoa, em vez de representar uma ameaça, como ele talvez tivesse receado, passará a velar com amor pela sua felicidade.

Ou se uma pessoa quer seguir alguém na morte, como uma criança que quisesse seguir um irmão prematuramente falecido, poderia acrescentar: "Você é meu irmão, eu respeito você como meu irmão. No meu coração você tem um lugar. E eu me inclino diante do seu destino, da forma como foi, e assumo o meu destino como me foi determinado". Então, em lugar de os vivos visitarem os mortos, são os mortos que visitam os vivos e velam por eles com amor.

Ou se uma criança se sente culpada por continuar viva quando o irmão morreu, ela pode dizer a ele: "Querido irmão, você morreu, eu ainda vivo algum tempo e depois morro também". Então cessa a presunção diante dos mortos, e justamente por isso o sobrevivente pode viver sem sentimento de culpa.

Ou quando um membro do grupo familiar foi excluído ou esquecido, a integridade também pode ser restabelecida na medida em que os excluídos são reconhecidos e respeitados. Isto é basicamente um processo interior. Então, por exemplo, uma segunda mulher deveria dizer à primeira: "Você é a primeira, eu sou a segunda. Reconheço que você cedeu lugar para mim". Se for o caso, ela pode acrescentar: "Reconheço que se cometeu injustiça contra você e que tenho o meu marido à sua custa". E pode acrescentar: "Por favor, seja bondosa comigo se o aceito e conservo como meu marido. E, por favor, seja bondosa com meus filhos". Nas constelações familiares pode-se ver como se relaxa o semblante da primeira mulher e como ela se declara de acordo, por ter sido respeitada. Então a ordem é restabelecida e já não é necessário que alguma criança represente essa mulher.

Vou dar outro exemplo:

Um homem ainda jovem, empresário e representante exclusivo de um produto em seu país, chega dirigindo um Porsche e fala de seus êxitos. Fica evidente que ele possui poder e um charme irresistível. Mas ele bebe, e seu contador o adverte de que está retirando da empresa muito dinheiro para fins pessoais, pondo o negócio em risco. Apesar dos êxitos que tivera até então, ele secretamente tencionava arruinar-se.

Apurou-se que sua mãe mandara embora seu primeiro marido porque ele, segundo sua expressão, era um bolha. Depois casou-se com o pai do cliente, levando para o novo matrimônio um filho do casamento anterior. Este, porém, não pôde mais ver o próprio pai e perdeu o contato com ele. Nem mesmo sabia se o pai ainda estava vivo.

O jovem empresário percebeu que não fazia fé na continuação do próprio sucesso porque devia sua vida à infelicidade do irmão. A solução que encontrou foi a seguinte.

Primeiramente, reconheceu que o casamento de seus pais e sua própria vida estavam associados pelo destino às perdas sofridas pelo irmão e pelo pai dele.

Em segundo lugar, conseguiu, apesar disso, dizer sim à sua própria sorte e dizer aos outros que se considerava igual a eles e com os mesmos direitos.

Em terceiro lugar, dispôs-se a prestar a seu irmão um favor especial, como prova de sua vontade de equilibrar as contas entre o dar e o receber. Assim, resolveu procurar o pai de seu meio-irmão, que tinha desaparecido, e promover um reencontro entre eles.

* * *

Onde reinam as ordens do amor, cessa a responsabilidade por injustiças cometidas no grupo familiar. A culpa e suas conseqüências retornam às pessoas a que pertencem, e começa a vigorar a compensação através do bem, substituindo a necessidade surda de compensar através do funesto, que gera o mal a partir do mal. A compensação positiva acontece quando os mais novos aceitam o que receberam dos mais velhos, apesar de seu preço, e os honram, independentemente do que tenham feito, e quando o passado, bom ou mau, já pode ser considerado como passado. Então os excluídos recuperam seu direito de ser acolhidos e, em vez de nos atemorizarem, nos abençoam. Quando lhes damos o lugar que merecem em nossa alma ficamos em paz com eles. E, de posse de todos os que nos pertencem, sentimo-nos inteiros e plenos.

ORDENS DO AMOR ENTRE O HOMEM E A MULHER E EM RELAÇÃO À TOTALIDADE QUE NOS SUSTENTA

Em primeiro lugar, tratarei detalhadamente das ordens do amor na relação entre o homem e a mulher, começando pelo mais elementar.

Homem e mulher

O homem sente atração pela mulher porque, como homem, falta-lhe a mulher. E a mulher sente atração pelo homem porque, como mulher, falta-lhe o homem. O masculino está orientado para o feminino: por isso o homem precisa da mulher para ser homem. E o feminino está orientado para o masculino: a mulher também precisa do homem para ser mulher.

Assim, o homem só se torna homem quando toma para si uma mulher como sua esposa, e a mulher só se torna mulher quando toma para si um homem como seu marido. Só quando o homem faz de uma mulher a sua mulher e a tem como tal, e a mulher faz de um homem o seu homem e o tem como tal é que eles são marido e mulher e formam um casal.

Assim, pertence, em primeiro lugar, à ordem do amor entre o homem e a mulher, que o homem queira a mulher como mulher e que a mulher queira o homem como homem. Portanto, se numa relação conjugal o homem ou a mulher se querem principalmente por outras razões –, por exemplo, para a diversão ou o sustento, ou porque o outro é rico ou pobre, culto ou iletrado, católico ou evangélico, ou porque o querem conquistar, proteger, melhorar ou salvar, ou ainda porque querem o outro, como se diz com belas palavras, como o pai ou a mãe dos próprios filhos –, então a casa foi construída sobre a areia e dentro da maçã já se encontra o verme.

Pai e mãe

Em segundo lugar, faz parte das ordens do amor na relação entre o homem e a mulher que ambos juntos estejam ordenados em função de um terceiro, e que sua masculinidade e sua feminilidade só se completem num filho. Pois o homem só se torna plenamente homem como pai, e a mulher só se torna plenamente mulher como mãe. E só no filho o homem e a mulher formam indissoluvelmente uma unidade, de maneira plena e visível para todos. No entanto, seu amor ao filho como pais apenas continua e coroa seu amor como casal, porque este vem antes daquele. E, assim como as raízes nutrem a árvore, assim também seu amor como casal sustenta e nutre seu amor de pais pelo filho.

Assim, quando o amor recíproco dos parceiros flui do fundo do coração, também flui do fundo do coração o seu amor de pais pelo filho. E, quando esmorece o amor do casal, também esmorece o amor pelo filho. Tudo o que o homem e a mulher admiram e amam em si mesmos e no parceiro, eles também admiram e amam em seus filhos. E tudo o que os irrita e incomoda em si mesmos e no parceiro, também os irrita e incomoda no filho.

Por isso, onde os pais se dão bem em sua relação conjugal, no que toca ao respeito e amor mútuo, nisso também se dão bem em sua relação com o filho. E onde se dão mal em sua relação conjugal, nisso também se dão mal em sua relação com a criança. Porém, quando seu amor de pais pelo filho apenas continua e coroa seu amor recíproco, a criança se sente considerada, aceita, respeitada e amada por ambos os pais, sabe que está em ordem e sente-se bem.

O desejo

Um casal procurou um conhecido terapeuta e lhe pediu ajuda nos seguintes termos: "Toda noite nos empenhamos ao máximo para corresponder à nossa responsabilidade na conservação da espécie humana. Entretanto, apesar de nossos esforços, não conseguimos até agora cumprir essa nobre missão. Onde erramos, e o que precisamos aprender e fazer?"

O terapeuta lhes recomendou que apenas o ouvissem em silêncio e depois, sem se falarem, fossem imediatamente para casa. Eles concordaram. Então ele lhes disse: "Toda noite vocês se esforçam ao máximo para corresponder à sua responsabilidade na conservação da espécie humana. Mas, apesar de todos os seus esforços, ainda não conseguiram cumprir sua nobre missão. Por que vocês não se entregam simplesmente à sua paixão?"

E os despediu.

Então eles se levantaram e foram às pressas para casa, como se não pudessem esperar mais. Mal se viram sós, deixaram cair as roupas e se amaram com gozo e paixão. Em duas semanas a mulher engravidou.

Uma outra mulher, já não tão jovem, num acesso de pânico ante a perspectiva de ficar solteira, publicou num jornal o seguinte anúncio: "Enfermeira procura viúvo com filhos, para fins matrimoniais". Que expectativa de intimidade poderia ter essa relação? Ela poderia ter escrito: "Uma mulher deseja um homem. Quem me deseja?"

A consumação do amor

O pudor em nomear nosso ato mais íntimo e em desejá-lo, como o mais importante e mais próximo numa relação conjugal, decorre certamente de que, em nossa cultura, o ato do amor entre o homem e a mulher é considerado por muitos como algo indecente, como uma necessidade indigna. Entretanto, é a maior realização humana possível.

Nenhum outro ato humano está mais sintonizado com a ordem e a plenitude da vida, nem nos assume mais amplamente a serviço do mundo em sua totalidade. Nenhum outro ato humano nos traz um prazer tão inebriante nem proporciona, em seu seguimento, um tal sofrimento amoroso. Nenhum outro ato humano é mais pesado de conseqüências, mais cheio de riscos, nem exige de nós tais extremos ou nos faz tão conhecedores, sábios, humanos e grandes do que aquele em que um homem e uma mulher reciprocamente se tomam e se reconhecem com amor. Em comparação a esse ato, qualquer outro ato humano aparece apenas como uma preparação ou uma ajuda, uma conseqüência ou, talvez, uma doação adicional; ou então, como carência e substituição.

O ato do amor entre o homem e a mulher é simultaneamente o nosso ato mais humilde. Em nenhum outro lugar nos mostramos tão despidos, nem revelamos de forma tão desprotegida o lugar onde somos mais vulneráveis. E, por isso, também nada protegemos com pudor mais profundo do que o lugar onde o homem e a mulher se encontram amorosamente e onde mostram e confiam mutuamente o que possuem de mais íntimo.

A consumação do amor entre o homem e a mulher é também nosso ato mais corajoso. Pois, ao se unirem para o resto de suas vidas, o homem e a mulher, embora estejam no início e antes da plena realização, já têm o fim diante dos olhos, percebem seus limites e encontram sua medida.

O vínculo do casal

Através da consumação do amor, numa bela expressão da Bíblia, o homem deixa seu pai e sua mãe e se une à sua mulher, e ambos se tornam uma só carne. O mesmo também vale para a mulher. Esta imagem reflete um processo na alma, cuja realidade experimentamos através de seus efeitos. Pois ele cria um vínculo que, mesmo contra a nossa intenção, se manifesta como algo que não pode ser anulado e, por essa mesma razão, não pode ser repetido.

Pode-se objetar que o divórcio e uma nova relação provam o contrário. No entanto, uma segunda relação não tem o mesmo efeito da primeira. Um segundo marido ou uma segunda mulher percebem a ligação da parceira, ou do parceiro, com o primeiro marido ou a primeira mulher. Isso se revela pelo fato de que o marido ou a mulher de uma pessoa que se casa pela segunda vez não ousam tomá-la e mantê-la tão plenamente como se fosse essa a sua primeira união. A razão é que o novo casal experimenta a segunda união como culpa em relação à primeira, mesmo se já tiver morrido a parceira ou o parceiro anterior. Pois de fato só nos separamos quando morremos.

Portanto, uma segunda relação só tem sucesso quando o vínculo aos parceiros anteriores é reconhecido e honrado como tendo precedência sobre o novo vínculo, e quando os novos parceiros reconhecem que têm uma dívida com os parceiros anteriores. Contudo, um vínculo no sentido original, como na primeira relação, está fora de seu alcance. Em decorrência disso, quando acaba uma segunda relação, sente-se geralmente menos culpa e obrigação do que quando se rompe a primeira relação.

Trago um exemplo a respeito.

O ciúme

Uma mulher contou num grupo que atormentava o marido com seu ciúme. Reconhecia que seu comportamento era irracional, mas não conseguia evitá-lo. O dirigente do grupo lhe mostrou a solução, dizendo-lhe: "Mais cedo ou mais tarde você vai perder seu marido. Aproveite-o enquanto é tempo!" A mulher riu e ficou aliviada.

Alguns dias depois, o marido telefonou ao dirigente do grupo e lhe disse: "Quero agradecer-lhe por minha mulher".

Esse homem tinha participado, muitos anos antes, de um curso do mesmo terapeuta, junto com a namorada daquela época, com quem já estava há sete anos. Durante o curso revelara, diante de todos os participantes e sem consideração pela dor da namorada, que ia separar-se dela para ficar com uma outra mais jovem. Mais tarde veio a um novo curso, desta vez com a nova namorada. Durante o curso ela engravidou e pouco depois se casaram.

Então ficou claro para o dirigente do grupo o sentido do ciúme dessa segunda mulher. Ela negara exteriormente a ligação do marido com a ex-namorada e, com seu ciúme, reforçava abertamente sua reivindicação sobre ele. Secretamente, porém, reconhecia a ligação anterior dele e sua própria culpa. Assim, seu ciúme não indicava uma culpa do marido em relação a ela, mas era uma admissão secreta de que não o merecia. Provocar uma separação parecia-lhe o único meio de reconhecer o vínculo que subsistia e de expressar solidariedade à ex-namorada do marido.

A *carne*

O vínculo especial e — num sentido profundo — indissolúvel entre o homem e a mulher nasce da consumação de seu amor. Só ela faz do homem e da mulher um casal e transforma os parceiros em pais. Para isso não bastam o amor puramente espiritual e o reconhecimento público da relação. Por conseguinte, quando a consumação do amor é prejudicada, por exemplo, quando os parceiros se deixam esterilizar antes do relacionamento, não se origina um vínculo, mesmo que os parceiros o desejem. Por isso, tais relacionamentos carecem de compromisso e os parceiros, ao separar-se, não são afetados pelo sentimento de responsabilidade ou de culpa.

Quando a consumação do amor é prejudicada *a posteriori*, por exemplo, por um aborto intencional, a relação sofre uma ruptura, embora o vínculo permaneça. Se, apesar disso, o homem e a mulher quiserem permanecer juntos, precisam decidir-se novamente um pelo outro e conviver como se fosse essa a sua segunda relação. Pois a primeira, via de regra, terminou.

Na consumação do amor se atesta a superioridade da carne sobre o espírito, sua veracidade e grandeza. Às vezes, somos tentados a depreciar a carne em favor do espírito, como se o que acontece pela força do instinto e da necessidade, do desejo e do amor, valesse menos do que o que nos ordenam a razão e a vontade moral.

No entanto, o instintivo demonstra sua sabedoria e sua força justamente onde o racional e o moral esbarram nos próprios limites e falham. Pois, através do instinto, atuam um espírito superior e um sentido mais profundo, diante do qual fogem assustadas nossa razão e nossa vontade moral, nas situações difíceis.

Por exemplo, quando uma criança cai na água e uma pessoa mergulha para salvá-la, ela não o faz após uma reflexão racional e uma vontade moral. Não, não! Ela o faz por instinto. Mas será seu ato, por esta razão, menos certo, corajoso e bom?

Ou ainda, quando um pássaro atrai com seu canto a companheira e eles se acasalam, constroem um ninho, chocam, têm filhotes e os alimentam, aquecem, defendem e guiam, isso é menos maravilhoso por ser instintivo?

O *baixo-contínuo*

Uma relação de casal se desenvolve como um concerto barroco. Uma bela melodia soa nos registros altos, enquanto um baixo-contínuo a conduz, unifica e carrega, dando-lhe peso e completude. Numa relação de casal, o baixo-contínuo soa assim: "Eu tomo você, eu tomo você, eu tomo você. Eu tomo você como minha mulher. Eu tomo você como meu marido. Eu tomo você e me dou — com amor".

A *ausência*

Para que a relação de casal entre o homem e a mulher cumpra o que promete, o homem deve ser e permanecer homem, e a mulher deve ser e permanecer mulher. Assim, o homem deve renunciar a apropriar-se do feminino e a possuí-lo, como se pudesse tornar-se mulher e ser uma mulher. E a mulher precisa renunciar a apropriar-se do masculino e a possuí-lo, como se pudesse tornar-se homem e ser um homem. Pois, numa relação de casal, o homem só é importante para a mulher quando é e permanece homem, e a mulher só é importante para o homem quando é e permanece mulher.

Se o homem pudesse desenvolver em si o feminino e possuí-lo, não precisaria da mulher. E se a mulher pudesse desenvolver em si o masculino e possuí-lo, não precisaria do homem. Por isto, muitos homens e mulheres que desenvolvem em si as características do outro sexo vivem sós. Eles se bastam.

O *filhinho do papai e a filhinha da mamãe*

Portanto, a ordem do amor entre o homem e a mulher envolve também uma renúncia, que já começa na infância. Pois o filho, para tornar-se um homem, precisa renunciar à primeira mulher em sua vida, que é sua mãe. E a filha, para tornar-se uma mulher, precisa renunciar ao primeiro homem de sua vida, o seu pai. Por essa razão, o filho precisa passar cedo da esfera da mãe para a do pai. E a filha precisa retornar cedo da esfera do pai para a da mãe.

Permanecendo na esfera da mãe, freqüentemente o filho só chega a ser um perpétuo adolescente e queridinho das mulheres mas não um homem. E, persistindo na esfera do pai, a filha muitas vezes só se torna uma perpétua menina e uma namoradinha dos homens, mas não uma mulher.

Quando um "filhinho da mamãe" se casa com uma "filhinha do papai", com freqüência o homem busca uma substituta para a sua mãe e a encontra na mulher, e a mulher busca um substituto para o seu pai e o encontra no marido. Quando, porém, um filho ligado ao pai se casa com uma filha ligada à mãe, eles têm mais chances de formarem um par confiável.

De resto, o filho ligado ao pai costuma dar-se bem com o sogro, e a filha ligada à mãe geralmente se dá bem com a sogra. Já o filho ligado à mãe freqüentemente se relaciona melhor com a sogra do que com o sogro, e a filha ligada ao pai, melhor com o sogro do que com a sogra.

Anima e animus

Quando o filho permanece na esfera da mãe, o feminino inunda a sua alma, impedindo-o de aceitar seu pai e reprimindo, em conseqüência disso, sua masculinidade. E quando a filha permanece na esfera do pai, o masculino inunda sua alma, impedindo-a de aceitar sua mãe e reprimindo, com isso, sua feminilidade. Carl Gustav Jung denominou *anima* o feminino presente na alma do homem, e *animus* o masculino presente na alma da mulher.

A *anima* se desenvolve mais fortemente quando o filho permanece na esfera da mãe. Curiosamente, porém, ele sente então menos compreensão e simpatia por outras mulheres, e tem menos sucesso com as mulheres e com os homens. E o *animus* se desenvolve com mais força quando a filha permanece na esfera do pai. Curiosamente, porém, ela sente então menos compreensão e simpatia por outros homens, e tem menos sucesso com os homens e as mulheres.

A atuação da *anima* na alma do homem se mantém dentro de seus limites se ele passou cedo para a esfera do pai. Contudo, curiosamente, ele sente então mais simpatia e compreensão pelas características e pelos valores das mulheres. E a atuação do *animus* na alma da mulher se mantém dentro de seus limites se ela retornou cedo para a esfera da mãe. Contudo, curiosamente, ela sente então mais simpatia e compreensão pelas características e pelos valores dos homens. Portanto, a *anima* resulta do fato de o filho não ter aceito o pai; e o *animus* resulta de a filha não ter aceito a mãe.

A reciprocidade

Pertence à ordem do amor entre o homem e a mulher que entre eles se estabeleça uma troca em que ambos igualmente dêem e tomem. Pois cada um tem o que falta ao outro, e a cada um falta o que o outro tem. Ambos precisam, portanto, no que se refere à troca, dar o que têm e tomar o que lhes falta.

Em outras palavras, o homem se dá à mulher como homem e a aceita como sua mulher; e a mulher se dá ao homem como mulher e o aceita como seu marido.

Essa ordem do amor é perturbada quando um deseja e o outro concede; porque o desejar parece ser algo pequeno, e o conceder, algo grande. Então um dos parceiros se mostra como carente e como alguém que recebe, e o outro, embora talvez ame, se mostra como alguém que ajuda e que dá. É como se aquele que recebe se tornasse uma criança, e aquele que dá se tornasse um pai ou uma mãe. Então o que recebe precisa agradecer, como se tivesse recebido sem dar, e o que dá se sente superior e livre, como se tivesse dado sem receber. Isso, porém, impede a compensação e coloca em risco a troca. Para o bom êxito de uma e outra, é preciso que ambos desejem e ambos concedam, com respeito e amor, o que o outro necessita e deseja.

Seguir e servir

Contudo, pertence à ordem do amor entre o casal que a mulher siga o homem. Isso significa que ela o siga para sua família, sua cidade, seu círculo, sua língua e sua cultura, e consinta que os filhos também sigam o pai.

Não posso justificar essa ordem, mas sua realidade se comprova pelos seus efeitos. Basta comparar famílias onde a mulher segue o homem e os filhos seguem o pai com famílias onde o homem segue a mulher e os filhos seguem a mãe.

Entretanto, aqui também existem exceções. Por exemplo, se há destinos difíceis ou enfermidades graves na família do homem, é mais seguro e conveniente para ele e para os filhos que passem para a esfera da família e da parentela da mãe; e vice-versa.

Neste particular existe uma compensação. Pois também pertence à ordem do amor entre o homem e a mulher, como seu complemento, que o homem sirva ao feminino.

A igualdade

As ordens do amor entre o homem e a mulher são diferentes das ordens do amor entre pais e filhos. Por isso a relação do casal sofre abalo e perturbação quando eles transferem irrefletidamente para ela as ordens do relacionamento entre os pais e os filhos.

Se, por exemplo, numa relação de casal, um parceiro busca no outro um amor incondicional, como uma criança busca em seus pais, ele espera receber do outro a mesma segurança que os pais dão a seus filhos. Isso provoca uma crise na relação, fazendo com que aquele de quem se esperou demais se retraia ou se afaste. E com razão, pois ao se transferir para a relação de casal uma ordem própria da infância, comete-se uma injustiça para com o parceiro.

Quando, por exemplo, um dos parceiros diz ao outro: "Sem você não posso viver", ou: "Se você for embora eu me mato", o outro precisa se afastar, pois tal exigência entre adultos equiparados é inadmissível e intolerável. Já uma criança pode dizer algo assim a seus pais, porque sem eles realmente não pode viver.

Inversamente, se o homem ou a mulher se comporta como se fosse autorizado a educar o parceiro e tivesse a necessidade de fazê-lo, arroga-se, em relação a alguém que lhe é equiparado, direitos semelhantes ao dos pais em relação aos filhos. Neste caso, freqüentemente o parceiro se esquiva à pressão e busca alívio e compensação fora do relacionamento.

Portanto, faz parte da ordem do amor na relação entre o homem e a mulher que eles se reconheçam como iguais. Qualquer tentativa de colocar-se diante do parceiro numa atitude de superioridade, própria dos pais, ou de entrega, característica da criança, oprime e coloca em risco a relação.

Isso também vale para o equilíbrio entre o dar e o tomar. Na relação dos filhos com seus pais, são os pais que dão e são os filhos que tomam. Toda tentativa dos filhos de aplainar o desnível existente entre eles e seus pais é frustrada. Por essa razão, os filhos permanecem sempre em dívida com seus pais, e quanto menos conseguem pagá-la, tanto mais intimamente permanecem vinculados a eles. Porém, como querem afirmar-se e desenvolver-se através de suas próprias ações, o sentimento de dívida que os vincula aos pais os motiva também a sair de casa.

Se um dos parceiros der ao outro como um pai ou uma mãe dá a uma criança, por exemplo, custeando-lhe uma formação superior durante o casamento, aquele que recebeu tanto já não pode equiparar-se ao doador. Embora permaneça obrigado a agradecer-lhe, geralmente o deixará quando se formar. Só poderá equiparar-se novamente ao parceiro e permanecer com ele quando o compensar plenamente, tanto pelas despesas quanto pelo esforço.

A compensação

No nível do sexo, o homem e a mulher, embora sejam diferentes, se equiparam em sua capacidade de dar ou receber reciprocamente. Eles se dão bem e progridem na troca amorosa quando o dar e o tomar entre eles também se compensam e completam em outros domínios. Isso vale tanto para as coisas boas quanto para as más.

Quando um dos parceiros recebe do outro algo de bom, a necessidade de compensar não lhe dá descanso até que lhe retribua com algo de bom. Porém, como o ama, faz-lhe, por precaução, um bem algo maior do que a compensação exige. Então, o outro fica sob pressão; e, como ama o parceiro, também lhe faz, por precaução, um bem algo maior do que a compensação requer. Assim, aumenta a troca no bem, desde que, em seu decurso, sempre se volte ao equilíbrio e se inaugure uma nova rodada de trocas.

Quando não se alcança uma compensação, a troca cessa. Pois, se um parceiro se limita a receber, o outro logo perde a vontade de dar-lhe; e, se um deles quer apenas dar, o outro em breve não vai mais querer receber. Da mesma forma, a troca cessa quando um dá mais do que o outro pode ou quer receber, ou quando um deseja mais do que o outro pode ou quer dar.

Assim, a medida de quem dá deve ajustar-se à medida de quem recebe, e vice-versa. Toda troca deve em princípio ajustar-se a uma medida que a limita.

Porém, para que uma relação de casal seja bem-sucedida, é preciso que haja também uma compensação no mal. Quando um parceiro faz a outro algo que necessariamente o fere ou magoa, a vítima também precisa fazer ao autor algo que lhe traga uma dor semelhante ou exigir dele algo igualmente difícil.

Quando a vítima é tão boa que não consegue ser má, não acontece compensação e a relação fica ameaçada. Por exemplo, quando um dos parceiros teve um caso e o outro se obstina em sua inocência, o culpado não consegue mais equiparar-se ao inocente. Se, porém, o outro lhe paga na mesma moeda, a relação pode ser retomada.

Entretanto, se a vítima ama o ofensor, não deve fazer-lhe uma afronta do mesmo tamanho, pois assim ficariam quites. Com maior razão, por estar convencida da própria inocência, não deve fazer ao parceiro uma afronta maior do que a dele, pois então lhe daria o direito de zangar-se por sua vez. Não, precisa fazer-lhe uma afronta um pouco menor. Com isso, tanto a justiça quanto o amor serão satisfeitos, e a troca no bem poderá ser retomada e continuada.

Mas se a vítima e o ofensor forem se suplantando em suas afrontas, agindo no mal como se fosse um bem, a troca no mal irá sempre crescendo. Uma troca assim também amarra os parceiros, mas para a própria desgraça. De resto, conhece-se a qualidade de uma relação de casal verificando se a troca se efetua principalmente no bem ou no mal, e quanto se investe em cada um desses lados.

Com isso dei uma indicação sobre a forma de recuperar e tornar feliz uma relação de casal, transformando uma troca no mal numa troca no bem, e incrementando essa troca com amor.

O entendimento

De suas famílias de origem, o homem e a mulher conhecem diferentes modelos ou padrões para a relação conjugal, tanto no bem quanto no mal. Por isso, para que a união seja bem-sucedida, precisam testar os modelos que receberam dos pais, e eventualmente desprender-se dos padrões antigos e encontrar novos padrões para sua relação. Nisso freqüentemente se defrontarão com sentimentos de inocência e de culpa. Se adotarem os padrões que lhes foram transmitidos, mesmo que sejam ruins, experimentarão um sentimento de inocência. Se abandonarem os padrões recebidos, mesmo que os novos sejam melhores, experimentarão um sentimento de culpa. Somente ao preço dessa culpa poderão conseguir o bem e a felicidade em sua união.

Envolvimentos sistêmicos

Talvez as piores conseqüências para uma relação de casal resultem dos emaranhamentos de cada parceiro com o seu grupo familiar. Isso acontece, sobretudo, quando um dos parceiros ou ambos, sem que o percebam, são tomados a serviço, como substitutos, para a solução de antigos conflitos dos respectivos grupos familiares.

Citarei um exemplo. Embora um homem e uma mulher se sentissem muito ligados, surgiam entre eles conflitos inexplicáveis. Certo dia, quando a mulher se postava furiosa diante do marido, um terapeuta observou que seu rosto mudava, até assumir o aspecto de uma velha. E ela censurava o marido por coisas que nada tinham a ver com ele. O terapeuta perguntou a ela: “Quem é essa velha?” Aí ela se lembrou de que sua avó, que tinha um restaurante, fora muitas vezes arrastada pelos cabelos pelo avô no meio do salão, à vista de todos os fregueses. Então ficou claro que a raiva que ela sentia contra seu marido era a raiva reprimida que a avó sentira contra o avô.

Muitas crises inexplicáveis do casamento nascem de uma transferência como essa. Tal processo, que é inconsciente, nos assusta, porque ficamos entregues a ele e não sabemos sua causa. Depois de saber de tais envolvimentos tomamos mais cuidado quando nos sentimos tentados a ofender pessoas que não nos tenham dado motivos para isso.

A constância

Alguns casais, desconhecendo a profundidade de seu vínculo, consideram sua união como um acordo cujos fins podem fixar ao bel-prazer e cuja ordem ou duração podem predeterminar, alterar ou revogar, de acordo com o seu humor ou comodidade. Com isso, porém, entregam sua união à leviandade e ao arbítrio. Talvez venham a reconhecer, tarde demais, que isso é regulado por uma ordem à qual devem submeter-se.

Quando, por exemplo, um dos parceiros desfaz uma ligação de modo desrespeitoso e leviano, às vezes um filho dessa união morre ou comete suicídio, como se precisasse expiar uma grave injustiça. Na realidade, os fins de uma união nos são preestabelecidos e exigem de nós, se quisermos alcançá-los, constância e sacrifício.

O processo de morte

Ao aceitar uma mulher como sua mulher, o homem se faz homem por intermédio dela. Ao mesmo tempo, porém, ela também lhe tira a masculinidade e a coloca em questão. Assim, ele também se torna menos homem no casamento. E quando a mulher aceita um homem como seu marido, torna-se mulher por meio dele. Contudo, ao mesmo tempo, ele também lhe tira a feminilidade e a coloca em questão. Assim, ela também se torna menos mulher no casamento. Por essa razão, para que o relacionamento conserve sua tensão, o homem precisa renovar sua masculinidade junto aos homens, e a mulher precisa renovar sua feminilidade junto às mulheres.

Contudo, na relação com a sua mulher, o homem perde sua identidade como homem. E, na relação com o seu marido, a mulher perde sua identidade como mulher. Pois o homem e a mulher se distinguem sob todos os aspectos. Por causa de uma pequena diferença! Quase tudo é diferente entre o homem e a mulher. Contudo, embora sejam tão diferentes, as maneiras masculina e feminina de encarar o mundo e os diferentes modos de sentir e de reagir são formas plenamente válidas e equiparadas de realização humana. Ambos, o homem e a mulher, precisam reconhecer isso. Mas assim a mulher tira do homem sua segurança como homem, e o homem tira da mulher sua segurança como mulher. Portanto, também precisam perder, no decurso de seu relacionamento, as respectivas identidades, como homem e como mulher, que adquiriram por meio do outro. Por essa razão, o homem e a mulher também experimentam sua relação como um processo de morte. Embora esperemos, ao entrar numa relação, que ela venha a ser nossa realização máxima, ela também é, na verdade, uma morte progressiva.

Cada conflito no casamento é uma etapa desse processo de despedida e de morte. Quanto mais tempo dura a relação, tanto mais perto chegam o homem e a mulher dessa renúncia extrema. Então alcançam um outro patamar, mais elevado.

A divisão entre homem e mulher pressiona no sentido da unidade. Contudo, a fusão dos dois sexos produz apenas uma unidade transitória, que não dura. A supressão dos contrários acontece, portanto, para além dessa fusão, que fica apenas como um símbolo dela. A verdadeira unidade é alcançada na morte. Então retornamos a uma Origem que não conhecemos.

Essa é, sem dúvida, apenas uma perspectiva possível, mas ela confere à relação uma profundidade e uma seriedade que são dignas dela. Pois apenas essa renúncia extrema realiza a superação dos contrários que nos é prometida pela fusão.

A totalidade que sustenta

As ordens do amor que nos acompanharam em nossos relacionamentos anteriores também afetam nossa relação com a vida e com o mundo como totalidade, bem como nossa relação com o mistério que pressentimos por trás desse mundo.

Por conseguinte, podemos relacionar-nos com essa misteriosa totalidade da mesma forma como uma criança se relaciona com seus pais. Então buscamos um Deus Pai ou uma grande Mãe, acreditamos como uma criança, esperamos como uma criança, confiamos como uma criança, amamos como uma criança. E, como uma criança, talvez tenhamos medo desse ser e, como uma criança, talvez ainda tenhamos medo de saber.

Ou então nos relacionamos com a totalidade misteriosa como com nossos antepassados e o grupo familiar. Sentimo-nos como seus consangüíneos numa comunidade de santos, mas também, como no grupo familiar, como rejeitados ou escolhidos segundo uma lei implacável, cujos decretos não entendemos e não podemos influenciar.

Ou, ainda, tratamos a totalidade misteriosa como alguém equiparado aos demais num grupo, tornamo-nos seus colaboradores e representantes, negociamos ou firmamos uma aliança com ela, e regulamos por um contrato os direitos e os deveres, o dar e o receber, os ganhos e as perdas.

Ou tratamos a totalidade misteriosa como se tivéssemos com ela uma relação conjugal onde existem um amado e uma amada, um noivo e uma noiva.

Ou nos comportamos diante da totalidade misteriosa como pais se comportam diante de seus filhos, dizendo-lhe o que ele fez errado e o que precisa fazer melhor, questionando sua obra e, se este mundo não nos convém como ele é, querendo nos salvar dele e salvar outras pessoas.

Ou, finalmente, quando nos relacionamos com o mistério deste mundo, relegamos ao passado e esquecemos as ordens do amor que conhecemos, como se fôssemos rios que já alcançaram o mar e caminhos que já chegaram à meta.

HISTÓRIAS SOBRE A FELICIDADE

A felicidade nos parece sedutora e enganosa, atraente e perigosa. Pois, muitas vezes, o que desejamos nos traz desgraça, e o que tememos nos deixa felizes. Às vezes, preferimos nos apegar à desgraça, por nos parecer segura ou maior, ou porque a consideramos como inocência ou como merecimento, ou porque a vemos como um penhor de felicidade futura.

Então, talvez, desprezemos a felicidade como corriqueira ou como transitória e fugaz. Ou então a tememos como culpa e traição, como uma afronta ou como prenunciadora de desgraça.

Dois tipos de felicidade

Antigamente, quando os deuses ainda pareciam bem próximos dos seres humanos, viviam numa pequena cidade dois cantores de nome Orfeu.

Um deles era o grande Orfeu. Inventara a cítara, precursora da guitarra, e quando dedilhava suas cordas e cantava, a natureza em torno ficava enfeitiçada. Animais ferozes se deitavam mansamente a seus pés, as altas árvores se curvavam para ele. Nada podia resistir a seus cantos. Como era tão grande, cortejou a mais bela mulher. Depois começou o declínio.

Enquanto ainda celebrava as bodas, morreu sua bela Eurídice, e a taça cheia partiu-se no momento em que era brindada. Mas, para o grande Orfeu, a morte ainda não era o fim. Valendo-se de sua arte requintada, encontrou a entrada do mundo subterrâneo, desceu ao reino das sombras, atravessou o rio do esquecimento, passou pelo cão dos infernos, apresentou-se vivo ante o trono do deus da morte e o comoveu com seu canto.

A morte liberou Eurídice, porém sob uma condição. Orfeu estava tão feliz que não percebeu o ardil oculto por trás do favor. Retomou o caminho de volta, ouvindo atrás de si os passos da mulher amada. Passaram ilesos pelo cão dos infernos, atravessaram o rio do esquecimento, começaram a subida em direção à luz, e já a avistavam ao longe.

Então Orfeu ouviu um grito — Eurídice tropeçara. Virou-se horrorizado, ainda viu a sombra desaparecendo na noite, e ficou só. Fora de si pela dor, cantou sua canção de despedida: “Ai de mim, eu a perdi, toda a minha felicidade se foi!”

Ele próprio retornou à luz, mas no reino dos mortos passara a estranhar a vida. Quando algumas mulheres ébrias quiseram levá-lo à festa do vinho novo, ele se recusou, e elas o despedaçaram em vida.

Tão grande foi a sua desgraça e tão inútil foi sua arte. Porém todo mundo o conhece!

O outro Orfeu foi o pequeno. Era apenas um músico ambulante que se apresentava em pequenas festas, tocava para gente humilde, alegrava um pouco e se divertia com isto. Como não podia viver de sua arte, aprendeu um ofício comum, casou-se com uma mulher comum, teve filhos comuns, pecou eventualmente, foi feliz de uma forma totalmente comum, morreu velho e satisfeito da vida.

Mas ninguém o conhece — exceto eu!

O burro

Um certo homem comprou um burro novo, e acostumou-o desde cedo à dureza da vida. Punha-lhe cargas pesadas, fazia-o trabalhar o dia inteiro e só lhe dava de comer o estritamente necessário. E assim, o burro novo logo se tornou um autêntico burro.

Quando chegava seu dono, ele se punha de joelhos, abaixava bem a cabeça e deixava que o dono lhe pusesse qualquer carga, por pesada que fosse, mesmo que estivesse a ponto de desabar sob o peso.

Outras pessoas que viam isso se compadeciam dele e diziam: "Pobre burro!", e queriam fazer-lhe algum bem. Um queria lhe dar um torrão de açúcar, outro um pedaço de pão, um terceiro queria atraí-lo para um campo verde. Mas ele lhes mostrava que burro ele era. A um mordeu a mão, a outro deu um coice na canela, e com o terceiro empacou como um burro. Então disseram: "Que burro!", e o deixaram em paz.

Do seu dono, contudo, ele comia nas mãos, mesmo que lhe desse palha seca. E o dono o louvava por toda parte e dizia: "Realmente, este é o maior burro que jamais conheci!"

A saída

Em algum país tropical, logo ao nascer do dia, um macaquinho subiu num coqueiro, pegou nas mãos um pesado coco e começou a guinchar com todas as forças.

Um camelo o ouviu, aproximou-se, ergueu o olhar para ele e perguntou: "O que há com você hoje?"

"Estou esperando o grande elefante. Vou jogar este coco para arrebentar-lhe o crânio e ele não vai mais ver nem ouvir!"

Mas o camelo pensou: "O que é que ele quer realmente?"

Pelo meio-dia chegou um leão e deitou-se ao pé do coqueiro para tirar um cochilo. Então ouviu o macaquinho e perguntou: "O que há com você hoje?"

"Estou esperando o grande elefante. Vou jogar este coco para arrebentar-lhe o crânio e ele não vai mais ver nem ouvir!"

Mas o leão pensou: "O que é que ele quer realmente?"

De tarde chegou um rinoceronte, ouviu o macaquinho guinchando, admirou-se e perguntou: "O que há com você hoje?"

"Estou esperando o grande elefante. Vou jogar este coco para arrebentar-lhe o crânio e ele não vai mais ver nem ouvir!"

Mas o rinoceronte pensou: "O que é que ele quer realmente?"

Ao anoitecer chegou o grande elefante, esfregou-se na árvore, procurou folhas com a tromba e começou a comê-las. Entretanto, lá em cima da árvore, o macaquinho estava encolhido e bem quietinho. Então o grande elefante olhou para cima, viu o macaquinho e perguntou: "O que há com você hoje?"

"Nada. Na verdade, hoje andei gritando por aí, mas você provavelmente não levou isso muito a sério!"

Mas o elefante pensou: "O que é que ele quer realmente?"

Então trombeteou para seu bando e se afastou dali.

O macaquinho ainda ficou por longo tempo sentado em silêncio. Então pegou o coco, desceu ao chão e o bateu contra uma pedra até parti-lo. Então bebeu a água e comeu a polpa.

A moderação

Alguém abre caminho pelas ruas iluminadas e festivamente ornamentadas do tempo do Natal. Seu olhar é atraído por uma loja com um letreiro luminoso: "Iguarias de todo o mundo".

Ele pára, olha as deliciosas gulodices espalhadas diante de seus olhos e sente vir-lhe água na boca.

Então faz um muxoxo e diz: "Agora eu bem gostaria de comer ... um pedaço de pão seco!"

Dois tipos de prazer

Um burro carregado e faminto vai trotando por um caminho longo e penoso. À sua direita vê um campo verde; à sua esquerda, outro campo verde. Porém ele diz: "Sigo meu caminho".

Um outro burro pasta num campo verde. À sua direita vê um caminho penoso; à sua esquerda, outro caminho penoso. Mas ele diz: "Estou bem aqui".

A inocência

Alguém quer se livrar de um peso que há muito tempo o oprime e arrisca-se por um caminho desconhecido. Caminha em frente com passo ligeiro, e pela tardinha alcança uma alta montanha. Quando se prepara para descansar, avista diante de si a entrada de uma caverna. Vai até lá e tenta entrar, mas a encontra fechada por um portão de ferro.

"Estranho", reflete ele, "talvez aconteça alguma coisa". Senta-se diante da caverna e olha alternadamente para ali e para longe. Passados três dias, quando olhava para longe e volta a olhar para a caverna, vê o portão aberto. Precipita-se para dentro, corre sempre em frente e subitamente se encontra de novo a céu aberto.

"Estranho", reflete ele. Esfrega os olhos, senta-se e vê à sua frente, a uma certa distância, um pequeno círculo branco, imaculadamente branco. Dentro dele, vê-se a si mesmo: encerrado, encolhido, mas esplendidamente branco. Ao redor do pequeno círculo branco se contorce uma gigantesca chama negra e sombria, como se quisesse penetrá-lo à força.

"Estranho", reflete ele, "talvez algo aconteça". Senta-se diante do círculo e olha alternadamente para ele e para longe. Passados três dias, justamente quando olhava para longe e volta a olhar para ele, vê que o pequeno círculo branco se abre, a chama negra e sombria se precipita para dentro, o círculo se expande e finalmente ele pode se estender nele.

Agora, porém, o círculo ficou cinzento.

A dívida

Alguém se levanta pela manhã e sente um peso no coração, pois sabe que hoje virão seus credores e ele precisará atendê-los. Vê que ainda dispõe de algum tempo, vai à estante, pega a primeira pasta e examina os papéis.

Ali encontra as contas que ainda precisa pagar. Examina-as com atenção e verifica que no meio delas também existem algumas contas cobradas indevidamente, outras referentes a serviços prometidos mas não prestados, e outras ainda de mercadorias encomendadas mas não entregues. Ele pondera o que é justo e correto em cada caso e resolve prevenir-se contra cobranças indevidas. Então fecha a pasta e pega uma segunda.

Lá encontra registros de serviços pelos quais se julgava grandemente em dívida. Contudo, no final dos itens dessa longa lista constam observações como: "grátis", "pago" ou "doado". Surgem dentro dele imagens de pessoas que lhe eram caras e queridas, e seu coração se dilata e aquece. Então fecha a segunda pasta e apanha a terceira.

Lá encontra apenas ofertas que encomendara para poder finalmente comprar aquilo de que necessitava havia tempos. Porém consta, no final da lista: "somente à vista". Ele sabe que neste caso precisa dispor de mais tempo para verificar se as ofertas são confiáveis. Assim, fecha também a terceira pasta e a coloca na estante.

Então chegam os credores. Eles se sentam e enchem a sala com sua presença. Mas ninguém diz uma palavra.

Vendo-os diante de si, ele se sente estranhamente leve, como se de repente pudesse abarcar com a vista o que parecia tão confuso, e experimenta em si a força com a qual pode e quer defrontar-se com eles.

Enquanto assim espera, a imagem diante de seus olhos se encaixa numa ordem. Sabe com segurança qual dos credores é o primeiro a ser atendido e quem deverá suceder-lhe. Comunica sua imagem aos credores, agradece-lhes por terem vindo e assegura que os atenderá no tempo devido. Eles concordam e se retiram, e só fica aquele único credor que ele atenderá primeiro.

Ambos examinam seriamente o assunto. Sabem que não é mais hora de pechinchar, apenas de executar. E, como estão seriamente empenhados, chegam a um acordo. Não obstante, ao retirar-se, o credor ainda se vira para ele e lhe diz: "Vou lhe dar mais algum prazo".

O ciclo da vida

Um zangão pousou numa flor de cerejeira, bebeu o néctar, ficou saciado e satisfeito e voou para longe.

Mas então sentiu remorso. Sentiu-se como alguém que tivesse comido de uma lauta mesa sem presentear o seu anfitrião com um pequeno regalo que lhe alegrasse o coração. "O que faço agora?" — pensava ele. Mas não conseguia decidir-se, e assim se passaram semanas e meses.

Não conseguindo ficar tranqüilo, finalmente disse a si mesmo: "Preciso voltar àquela flor da cerejeira e agradecer-lhe de coração!" Levantou vôo, achou a árvore, o galho, o ramo, o lugar exato, mas a flor já não estava lá. Só encontrou ali uma fruta madura, de um vermelho escuro.

Então o zangão ficou triste e disse para si mesmo: "Nunca mais poderei agradecer à flor da cerejeira; a boa oportunidade se perdeu para sempre. Que isto me sirva de lição!"

Enquanto ainda matutava nisso, chegou a suas narinas um doce perfume: uma flor lhe acenou com sua corola rosada e com volúpia o zangão se atirou numa nova aventura.

* * *

Algumas histórias nos acenam com uma imagem enganosa, como se os desejos resolvessem, como antigamente nos contos de fadas. Dessa maneira, elas facilmente nos levam a ações que ultrapassam o que nos é permitido e que, em lugar da felicidade que desejamos, nos trazem a desgraça que tememos.

Onde essas imagens atuam, é útil contar esses contos com sobriedade, de modo que também neles os desejos conheçam limites e as ações presunçosas fracassem. Então caímos do céu de volta à Terra e encontramos a nossa medida.

A Terra

Um lenhador vivia com a mulher junto a uma grande floresta. Tinham somente uma filha, de três anos de idade, mas eram tão pobres que muitas vezes não sabiam o que lhe poderiam dar para comer.

Certo dia, a Virgem Maria os visitou e lhes disse: "Vocês são pobres demais para cuidar da criança. Deixem-na comigo. Eu a levarei para o céu, serei sua mãe e cuidarei dela".

Eles sentiram um peso no coração, porém disseram um ao outro: "O que podemos argumentar contra a Virgem Maria?" Assim, obedeceram, buscaram a menina e a entregaram a ela.

A Virgem Maria a levou consigo para o céu. Lá ela comia pão doce, bebia leite com açúcar e podia brincar com os anjos. Secretamente, porém, sentia saudades de seus pais e da bela Terra.

Quando a menina completou quatorze anos, a Virgem Maria partiu de novo em viagem, pois também ela sentia saudades da Terra. Chamou a menina e disse-lhe: "Tome conta das chaves das treze portas do céu. Você pode abrir doze portas e contemplar a glória que reside nelas, mas a décima terceira, à qual pertence esta chave pequena, está proibida para você. Cuide de não abri-la, senão acontecerá uma desgraça!" E a menina prometeu: "Jamais entrarei na décima terceira sala!"

Quando a Virgem Maria partiu, a menina foi conhecer as moradas do céu. Cada dia abria uma porta, até que todas foram abertas. Por trás de cada uma se assentava um homem, um apóstolo, cercado de grande esplendor, e a menina a cada vez se alegrava com a bela visão.

Só a porta proibida ainda permanecia fechada e a menina ardia de desejo de saber o que se escondia por trás dela. Quando ficou sozinha, pensou: "Agora estou completamente só e posso entrar, pois ninguém saberá se eu o fizer".

Tomou a pequena chave, introduziu-a na fechadura e virou-a. Então a porta se escancarou e a menina foi atraída por um brilho dourado e resplandecente. Este devia ser o santuário mais secreto. A menina entrou na sala, tocou com o dedo o brilho resplandecente e estremeceu de gozo, como nunca lhe havia acontecido.

Mas, de repente, lembrou-se da proibição da Virgem Maria. Retirou o dedo, precipitou-se para fora e tornou a fechar a porta. Porém seu dedo ficara da cor do ouro. Tentou lavá-lo mas, por mais que o fizesse, não conseguiu limpar o ouro. E assim esperou, com muito medo, o retorno da Virgem Maria.

Ela, porém, demorou a voltar, pois gostava da Terra. Quando regressou ao céu estava muito contente. Convocou os anjos e a menina e contou-lhes as novidades da Terra. Lá as pessoas tinham agora umas caixas estranhas, e só precisavam apertar um botão para ver tudo o que acontecia no mundo inteiro.

Um dia, contou ela, viu dessa maneira uma mulher que se aventurara a seguir os gorilas da montanha. Isso era muito perigoso, mas os gorilas deixavam que ela se aproximasse deles. Um dia um filhote chegou tão perto que ela pôde acariciar suas costas com os dedos, e ele se deixou agradar.

Depois os nativos lhe trouxeram um bebê gorila que havia perdido seus pais. Ela o tomou como se fosse sua mãe, deu-lhe leite com açúcar para beber e o tratou tão bem que ele logo se recuperou. Mas, por mais que amasse o bebê alheio, percebeu que ele sentia falta dos outros gorilas. Por isso, quando foi de novo procurar os gorilas, levou consigo o bebê e o ofereceu ao bando. O gorila mais velho, quando o viu, avançou rapidamente com grande alarido, arrancou-lhe o bebê dos braços, correu com ele de volta para o bando e o entregou a uma pequena fêmea, que imediatamente o amamentou no peito. Porém o macho não fez nenhum mal à mulher. Ela viu que o bebê gorila estava bem com seus companheiros e ficou contente.

A Virgem Maria ainda contou muitas histórias e se esqueceu de perguntar pelas chaves. Porém, na manhã seguinte, mandou chamar a menina para devolvê-las. Para sondá-la, perguntou: "Você realmente não entrou na décima terceira sala?" "Não", respondeu a menina, "você me proibiu de entrar lá". "Então por que você está escondendo a mão atrás das costas?" E ordenou-lhe: "Mostre-me a outra mão!" A menina ficou envergonhada mas, como não adiantava negar, puxou de trás das costas a outra mão e mostrou o dedo dourado.

Estão a Virgem Maria suspirou e disse: "Uma vez tem de acontecer". Então tirou sua luva branca — e eis que também ela tinha um dedo dourado.

Então disse à menina: "Como você já conhece uma coisa, também vai conhecer as outras todas. Retorne para a Terra onde existem pais e irmãos, homens, mulheres e filhos". A menina ficou contente e agradeceu-lhe.

A Virgem Maria ajudou-a a amarrar sua trouxa e ainda lhe deu, na despedida, um par de luvas brancas, para protegê-la da revelação do segredo.

A arrumação

Alguém mora numa casa pequena e, no correr dos anos, vai juntando muitos trastes nos cômodos. Muitos hóspedes trouxeram objetos e, quando se foram, deixaram ficar as malas. É como se ainda estivessem aqui, embora tenham partido há muito tempo, e para sempre.

Também o que o próprio dono ajuntou permanece dentro de casa. É como se nada tivesse passado nem se perdido. Mesmo às coisas quebradas se apega a lembrança. E assim elas ficam e tiram o espaço para coisas melhores.

Só quando o proprietário está quase sufocando é que ele dá início à arrumação. Começa pelos livros. Será que ele vai querer contemplar eternamente as mesmas velhas imagens e tentar entender doutrinas e histórias alheias? Assim, remove o que havia muito tempo estava liquidado, e os cômodos ficam amplos e claros.

Então abre as malas alheias e examina se ainda encontra algo utilizável. Aí descobre algumas preciosidades e as coloca à parte. O resto ele carrega para fora.

Joga as velharias numa cova profunda, cobre-a cuidadosamente com terra e depois planta grama por cima.

* * *

Existem histórias que são cercas. Elas comprimem e isolam. Quando nos acomodamos, elas nos proporcionam segurança. Mas, quando queremos ir em frente, bloqueiam o nosso caminho. Histórias desse tipo nós próprios nos contamos, às vezes, e as chamamos de recordações. Porém muitas vezes nos contamos o que na época foi mau e nos feriu, mas não o que também nos libera. Então a lembrança se torna uma amarra, e a nossa liberdade de movimento fica reduzida.

A *despedida*

Agora convido vocês a fazer uma viagem de retorno ao passado, como as pessoas que viajam, muitos anos depois, para visitar os lugares onde ocorreram fatos decisivos.

Desta vez, entretanto, nenhum perigo as espreita. Tudo já foi superado. É como se antigos combatentes, depois que a paz se instalou há muito tempo, voltassem a pisar o campo de batalha onde foram postos à prova. Faz tempo que a grama voltou a crescer no campo, as árvores florescem e dão frutos. Talvez eles nem mesmo reconheçam o lugar, porque já não lhes parece como na lembrança, e precisem de auxílio para se orientarem.

É curioso observar como temos diferentes maneiras de enfrentar perigos. Uma criança, por exemplo, fica transida de pavor diante de um enorme cão. Aí chega sua mãe e a toma nos braços. A tensão relaxa e a criança começa a soluçar. Mas logo vira a cabeça e olha, agora de uma distância segura, e abertamente, o assustador animal.

Outra criança, quando se corta, não pode ver o sangue escorrendo. Mas quando desvia o olhar quase não sente dor.

Assim, é péssimo que todos os nossos sentidos sejam simultaneamente capturados por uma ocorrência e não possam atuar separadamente, cada um por si. Pois então somos dominados por eles, e já não conseguimos ver, ouvir e sentir o que realmente acontece.

Vamos empreender agora uma viagem onde cada um se defronta com o todo da forma como quiser, mas não de uma só vez, e onde também experimenta o todo, porém com a proteção que desejar. Nessa viagem, cada um também pode entender o que é importante, uma coisa depois da outra. Quem preferir, pode também se fazer representar, como alguém que se recosta confortavelmente em sua poltrona, fecha os olhos e sonha que está fazendo a viagem. E, embora fique em casa dormindo, experimenta tudo como se estivesse presente.

A viagem leva a uma cidade que antigamente era rica e famosa, mas agora está, de há muito, solitária e vazia, como uma cidade de fantasmas do faroeste. Vêem-se ainda as galerias de onde se extraía o ouro. As casas estão quase intactas, e até mesmo o teatro é visível. Mas tudo está abandonado. Há muito tempo não existe aqui mais do que a lembrança.

Quem parte nessa viagem procura uma pessoa experiente para guiá-lo. Logo que chega ao lugar, as lembranças se avivam. Ah, aqui aconteceu o que tanto o abalou, o que ainda hoje ele resiste em recordar, porque foi muito doloroso. Porém agora brilha o sol sobre a cidade abandonada. Onde outrora houve vida, tumulto e violência, agora reina um sossego, quase uma paz.

Eles caminham pelas ruas e então encontram a casa. Ele ainda se questiona se ousará entrar, mas seu acompanhante quer ir sozinho na frente para dar uma olhada, saber se o local é seguro e se restou alguma coisa da época.

Nesse meio tempo, o outro olha para fora, através das ruas vazias, e emergem lembranças de vizinhos ou de amigos que ali viviam. Lembranças de cenas em que ele foi feliz e alegre, repleto do prazer de viver e de vontade de agir, como as crianças que ninguém consegue deter porque se lançam para a frente, para o novo, o desconhecido, o grande, o distante, para a aventura e os perigos vencidos. Nisso, o tempo passa.

Então o acompanhante lhe faz um aceno para segui-lo. Ele entra em casa, chega ao vestíbulo, olha em torno e espera. Ele sabe que pessoas poderiam tê-lo ajudado na época a suportar isso, pessoas que o amavam e eram fortes, corajosas e sábias. É como se elas estivessem ali, como se ouvisse suas vozes e sentisse sua força. Então seu acompanhante lhe dá a mão e ambos abrem a verdadeira porta.

Ali está ele, de volta. Segura a mão que o trouxe até ali e olha tranqüilamente em torno de si, para ver como realmente foi, cada coisa, todas elas. É estranho como as percebe de modo diferente quando permanece recolhido e de mãos dadas com seu ajudante, e quando se lembra também do que há longo tempo fora excluído — como se, finalmente, tudo o que era dali voltasse a encaixar-se. Assim espera e contempla, até tomar consciência de tudo.

Mas então é tocado pela emoção e, indo mais fundo, sente o amor e a dor. Tem a impressão de que chegou em casa e olha para a Origem onde nenhum direito ou vingança subsiste, onde o destino atua, a humildade cura e a impotência pacifica.

Seu ajudante o segura pela mão, para que ele se sinta seguro. Ele respira fundo e então se solta. Assim reflui o que por tanto tempo esteve represado, e ele se sente leve e aquecido.

Quando a emoção passa, o guia o encara e lhe diz: "Talvez você tenha tomado às suas costas, naquele tempo, algo que precisa deixar aqui, porque não lhe pertence e não pode ser cobrado de você — por exemplo, culpas indevidamente assumidas, como se você precisasse pagar pelo que outros receberam. Deponha isso aqui. E deixe também tudo o mais que não lhe pertence: doenças de outros, destinos, crenças, sentimentos alheios. E mesmo a decisão que o prejudicou — deixe-a também".

Essas palavras lhe fazem bem. Ele se sente como alguém que carregou uma carga pesada e agora a depõe. Respira e sacode-se. Sente-se leve como uma pluma.

O amigo retoma a palavra: "Talvez naquela época você também tenha deixado e abandonado algo que deve conservar porque lhe pertence — por exemplo, uma capacidade, uma necessidade interior; talvez, também, uma inocência ou uma culpa, a recordação ou a confiança; ou a coragem de assumir uma existência plena e uma ação adequada a você. Agora, junte tudo isso e leve-o consigo para o seu futuro".

Ele concorda também com essas palavras. Examina o que abandonou então e precisa retomar agora. Quando o retoma, sente o chão debaixo dos pés e percebe o seu próprio peso.

Então o amigo o conduz alguns passos à frente e chegam à porta dos fundos. Eles a abrem e encontram o segredo que reconcilia.

Agora nada mais o prende ao antigo lugar. Sente o impulso de partir, agradece ao acompanhante amigo e retoma o caminho de volta.

Chegando em casa, precisa de mais algum tempo para se acostumar à nova liberdade e à antiga força. Entrementes, já planeja em segredo a próxima viagem. Desta vez, a um país novo e desconhecido.

A renúncia

Após a Guerra dos Trinta Anos — tempos terríveis, aqueles — as pessoas retornaram dos bosques e começaram a reconstruir suas casas. Voltaram a cultivar os campos e a cuidar do pequeno gado que restou.

Um ano depois, já tinham realizado em paz sua primeira colheita, e celebravam uma festa.

Junto à aldeia, havia porém uma casa cuja porta fora murada. Algumas pessoas passavam eventualmente por ali e tinham a impressão de ouvir qualquer coisa. Mas estavam muito ocupadas para cuidar disso.

Certa noite, um cachorrinho gania em sofrimento diante da porta murada. Tinha se machucado. Então caiu reboco da porta murada, uma pedra foi retirada, uma mão se estendeu para fora, apanhou o cãozinho e o puxou para dentro.

Ali ficara alguém que não sabia do fim da guerra. Ele segurou o cãozinho pela barriga, tratou de suas feridas, sentiu seu calor e o cãozinho adormeceu. A pessoa espreitou pela pequena abertura, viu as estrelas distantes e, pela primeira vez depois de muito tempo, respirou o ar fresco da noite.

Então o dia raiou, um galo cantou, o cãozinho despertou e o morador percebeu que devia deixá-lo ir embora. Passou-o pela pequena abertura e o cão foi buscar seus companheiros.

Quando o sol se levantou, algumas crianças se aproximaram. Uma delas tinha nas mãos uma maçã madura. Elas viram a abertura, olharam para dentro, viram a pessoa. Mas ela adormecera. O olhar para a liberdade já lhe tinha bastado.

O *risco*

Em tempos idos, alguém estava preso no maravilhoso palácio onde, segundo a lenda, se situava o labirinto. Muitas vezes ele passava diante de um portão escuro do qual se dizia que levava à perdição.

Ouvia dizer que muita gente tinha arrombado e transposto o portão escuro, mas ninguém voltou. Isso aumentava o medo dos que ficavam para trás.

Mas o prisioneiro observou mais cuidadosamente o portão. Certa noite, quando os vigias estavam cansados, ele decididamente forçou o portão — e viu-se em liberdade.

* * *

Existem histórias que nos levam por um caminho. Quando nos deixamos conduzir por elas por um trecho desse caminho, elas realizam o que nos narram no mesmo momento em que as ouvimos.

A *festa*

Uma pessoa se põe a caminho. Olhando à sua frente, vê ao longe a casa que lhe pertence e caminha para lá. Ao chegar, abre a porta e penetra num salão preparado para uma festa.

A essa festa comparecem todos aqueles que foram importantes em sua vida. Cada um que vem traz algo, permanece algum tempo, e parte. Cada um traz um presente especial, cujo preço total já pagou, de uma forma ou de outra. Assim vêm: sua mãe, seu pai, seus irmãos, um avô, uma avó, o outro avô, a outra avó, os tios e as tias — todos os que cederam lugar a você, todos os que cuidaram de você — vizinhos, talvez, amigos, professores, parceiros, filhos; todos os que foram importantes em sua vida, e que ainda são importantes.

Cada um que vem traz algo, permanece algum tempo, e parte. Assim como os pensamentos vêm, trazem algo, permanecem algum tempo, e partem. Como os desejos e os sofrimentos vêm, trazem algo, permanecem algum tempo, e partem. Como também a vida vem, nos traz algo, permanece algum tempo, e parte.

Terminada a festa, aquela pessoa fica em sua casa, cheia de presentes. Junto dela só permanecem aqueles aos quais convém ficar mais um pouco. Ela vai à janela, olha para fora e avista outras casas. Sabe que nelas um dia também haverá uma festa. Também ela comparecerá, levará algo, ficará algum tempo, e partirá.

Nós também estamos aqui numa festa: trouxemos algo, recebemos algo, ficaremos ainda algum tempo, e partiremos.

CORPO E ALMA, VIDA E MORTE

Nesta conferência falarei sobre a atuação conjunta do corpo e da alma, e sobre a convivência com a morte e com os mortos. Muitas doenças são condicionadas ou afetadas pela alma e pela história da família, e sua cura depende de processos que se desenvolvem na alma. Por isso, é necessário que, paralelamente ao tratamento médico, algo também seja reconhecido e colocado em ordem na alma. Além de doenças, incluem-se nesse contexto acidentes graves e suicídio, pois aí não se trata apenas de saúde e doença, mas de vida e morte.

O *corpo*

Ao refletirmos sobre a atuação conjunta do corpo e da alma, ainda ficamos presos, às vezes, à idéia de que o corpo é algo material e a alma lhe é adicionada como uma força que o anima e guia. Essa imagem nasceu da observação do último suspiro dos moribundos, como se, com ele, eles exalassem a alma.

A mesma imagem foi estendida do fim da vida para o seu início, como se lê no relato bíblico da criação: Deus modelou o homem do barro da terra e insuflou em suas narinas um sopro de vida.

Entretanto, de acordo com nosso saber atual, o ser humano vivente surge porque as células germinais de seus pais, que são vivas e portanto já animadas, se unem para formar um novo ser. Assim, nosso corpo já possui uma alma desde o princípio.

Somos, portanto, um elo de uma grande corrente que nos liga a todos os que nos precedem, os que nos sucedem e os que convivem conosco, como se todos partilhássemos uma mesma vida e uma mesma alma. Assim, a alma nos ultrapassa e abrange o nosso entorno, nossa família, outros grupos maiores e o mundo como um todo. Não obstante, nós a experimentamos primariamente em função de nosso corpo. Ela dirige o seu início, o seu crescimento, a transmissão da vida através dele e também, depois de algum tempo, sua morte.

O *eu*

Em relação ao corpo e à alma que o anima, sentimo-nos, porém, como se possuíssemos em nós um centro em interação com ambos. Esse centro aceita os movimentos do corpo e da alma ou se opõe a eles, fazendo-se superior ou sujeitando-se, por vontade própria ou por impotência. Nesse centro nos sentimos, em relação ao corpo e à alma, ao mesmo tempo livres e presos. Nós o denominamos "eu". Essa experiência só nos é possível porque o corpo e a alma, que o anima, possuem uma consciência e uma vontade próprias, que tanto podem concordar com as vontades do eu quanto resistir a elas. Essa atuação conjunta tanto pode promover o corpo como colocá-lo em risco. A observação e a experiência nos permitem reconhecer quando ela serve ao corpo e quando o prejudica.

O *eu e o corpo*

Ao eu atribuímos geralmente a consciência de si, a razão, o livre-arbítrio, o controle e o desempenho. Mas nem tudo que o eu deseja é racional e livre, pois ele é também instintivo e freqüentemente age às cegas. Pense-se, por exemplo, nos temerários, nos levianos, nos ascetas, que exigem do corpo o que prejudica a saúde. O corpo resiste ao eu, por exemplo, adoecendo ou ficando fraco, ferindo-se ou sentindo dor. Com isso o induz à reflexão e à razão.

O corpo e a alma, que o guia, mostram-se, portanto, mais conhecedores e mais sábios que o eu, e o advertem de seus limites. Quando os respeita, o eu torna-se igualmente conhecedor e sábio.

Na Bíblia existe uma história que serve de parábola ao que se disse aqui. Quando o profeta Balaão, contra as ordens de Javé, decidiu procurar os moabitas, sua jumenta o tirou do caminho, pois viu diante de si um anjo de Deus que, com a espada em punho, impedia-lhe a passagem. Balaão a chicoteou até que ela voltasse a caminhar. Quando seguiam por um desfiladeiro, a jumenta, avistando de novo o anjo com a espada, empurrou Balaão contra a parede e o machucou. Ele lhe bateu de novo até que ela prosseguiu. Quando, pela terceira vez, a jumenta avistou o anjo com a espada, estirou-se no chão, debaixo de Balaão, e não quis levantar-se. Balaão ficou tão furioso que teve vontade de matar o animal. Mas então a jumenta virou a cabeça e lhe disse: "Não sou a tua jumenta, que cavalgaste até hoje? Por acaso deixei de servir-te alguma vez?" Então Balaão olhou para a frente e também viu o anjo com a espada em punho, impedindo a passagem.

Existe, portanto, um lado cego do eu, que exige do corpo algo que lhe faz mal e causa doença. O corpo e a alma começam a mudar para melhor quando o eu alcança a compreensão dos próprios limites, dos limites do corpo e da saúde, e dos limites de nossa vida.

Muitas vezes, ele só adquire essa sabedoria através da doença e do sofrimento. Eles o purificam e produzem nele, quando alcança a compreensão, um efeito que retorna ao corpo de forma curativa. Assim é preciso, às vezes, que uma doença complete sua obra de purificar e instruir o eu, antes que possa cessar e ceder.

Inversamente, o eu também atua sobre o corpo de forma benéfica e curativa, principalmente se estiver esclarecido e purificado. O eu é esclarecido quando é consciente de suas possibilidades e de seus limites, e quando supera seus medos e desejos instintivos, atendo-se somente à realidade observável. E está purificado quando fica em concordância e harmonia com a alma, que tem uma sabedoria bem mais profunda que a dele, embora passe largamente despercebida.

Devemos ao eu esclarecido, por exemplo, a medicina científica, o conhecimento das causas das doenças, a higiene, a cirurgia e medicamentos eficazes. Nisso incluo também a psicologia e a psicoterapia, com seus conhecimentos sobre as causas inconscientes dos comportamentos que trazem doenças e sobre os métodos de influenciá-los, por meio da psicanálise, da terapia comportamental, da hipnoterapia, da programação neurolingüística etc. Com esses recursos, o eu esclarecido disciplina o corpo e a alma e desenvolve as potencialidades de ambos, muito além dos domínios da saúde física.

Não obstante, a medicina e a psicoterapia e, junto a elas, o eu em sua auto-afirmação, esbarram em limites que lhes impõem restrições. Pois todo homem adoece, declina e morre, depois de algum tempo. A alma concorda com o movimento para a morte, pois abrange ambos os domínios e, ao que parece, sobrevive em ambos. Ela anseia pelo retorno e está em sintonia com esse movimento.

Freud chamou esse anseio de instinto de morte. Contudo, quando o eu purificado se une a ele, esse desejo se converte num movimento altamente consciente e alerta. Pois, num nível profundo, a alma e o corpo com ela aspiram a retornar à Origem de onde a vida procede e para onde retorna.

Família e alma

A alma não atua apenas no domínio do corpo nem está encerrada nele, como sugere a imagem do corpo como prisão da alma. Ela se mantém em interação com o ambiente, indispensável para o metabolismo e a reprodução. Esse ambiente envolve, antes de tudo, a família e o grupo familiar, onde recebemos a vida e também a transmitimos quando nos é permitido.

A família e o grupo familiar têm manifestamente uma alma comum e uma consciência comum, que liga entre si os membros da família e os guia, de acordo com ordens que permanecem largamente inconscientes, assim como a alma individual une e guia os membros e órgãos do corpo. Assim, a alma atua na família e no grupo familiar como num corpo ampliado. E assim como, pela observação e experiência, podemos conhecer e influenciar, passo a passo, as ordens da cooperação entre os órgãos no corpo, podemos trazer à luz, da mesma maneira, as ordens da cooperação entre os membros da família.

Notamos inicialmente que, à semelhança do corpo, também a família e o grupo familiar possuem um limite externo. Isso significa que apenas determinados membros da família são interligados e dirigidos por uma consciência comum. Assim, pertencem à família e ao grupo familiar: os irmãos, os pais e seus irmãos, os avós, às vezes ainda um ou outro dos bisavós, e ainda antepassados mais distantes que tiveram um destino especial. Outros parentes, como primos e primas, já não são incluídos.

Além desses parentes, também se incluem na família e no grupo familiar pessoas sem laços de parentesco, cujo afastamento ou cuja morte resultou em benefício para pessoas da família e do grupo familiar. A esse grupo pertencem sobretudo os parceiros anteriores dos pais e dos avós.

Existem ainda outras semelhanças entre a atuação da alma no corpo e a atuação da alma na família e no grupo familiar. Da mesma forma como a alma vela no corpo pela sua incolumidade, ela vela na família e no grupo familiar por sua integridade. Por isso, ela procura compensar a perda de um membro fazendo com que seja representado por outro. Esta é uma das causas pelas quais alguns membros de uma família se enredam em destinos de outros membros.

E assim como o corpo, em casos de urgente necessidade, precisa separar-se de um órgão que coloca em risco a saúde dos outros, assim também a família e o grupo familiar às vezes precisa separar-se de um de seus membros quando sua permanência coloca em risco outros membros da família.

Família e doença

Mostrarei agora, em alguns exemplos, como se originam na família envolvimentos que ocasionam doenças e riscos de vida, e como podemos desprender-nos deles ou impedi-los.

Quando um membro da família desaparece, por exemplo, quando morre prematuramente o pai ou a mãe, às vezes um filho lhe diz, em seu íntimo: "Eu sigo você". Então, muitas vezes, esse filho busca a morte através de uma doença, de um acidente ou do suicídio. Mesmo quando o filho não executa o que afirmou interiormente, com freqüência ele sente na alma uma proximidade especial com a morte e anseia por ela. O mesmo se passa quando uma criança perde um irmão, que nasceu morto ou morreu prematuramente, e diz a ele: "Eu sigo você".

Quando um conhecido esportista capotou com sua lancha numa competição e morreu, a filha dele começou também a participar de corridas de barcos. Ela também capotou numa corrida, mas sobreviveu. Quando alguém lhe perguntou o que lhe ocorreu naquele momento, ela respondeu: "Apenas isto: Papai, estou chegando".

Por trás da frase "Eu sigo você" atua o amor profundo com que a alma liga a criança à sua família. Esse amor, mais forte que a morte, é cego. A criança crê que pode anular a separação e salvar outras pessoas da família com seu sofrimento e sua morte.

Numa constelação familiar pode-se perceber a inutilidade e a cegueira desse amor. Pois então fica claro para a criança, a partir do sentimento e das palavras dos representantes, que os mortos dedicam aos vivos um amor igual ao que recebem deles, e que o desejo de segui-los na morte, em vez de alegrá-los, lhes causa dor. Assim, a criança percebe que os mortos não desejam que a morte deles acarrete a morte para outros. Sentem-se aliviados quando os vivos estão bem e os abençoam para que continuem vivos.

Por trás da frase "Eu sigo você" atua ainda uma outra dinâmica, a necessidade básica de compensar e expiar. Os vivos freqüentemente sentem culpa por estarem vivos quando outros da família morreram, e ficam aliviados se eles próprios morrem também. Ajuda, nesses casos, que os vivos se curvem diante dos mortos e lhes digam: "Eu vivo mais algum tempo, depois morro também". Com isso já não sentem sua vida como uma presunção e podem assumi-la pelo tempo que ainda durar. Uma outra frase que ajuda os vivos é esta: "Em sua memória eu fico mais algum tempo". Ou ainda, quando uma criança quer seguir seus pais falecidos, ajuda dizer esta frase: "Eu honro a vida que vocês me deram. Vou fazer algo dela, em sua memória, e conservá-la enquanto me for concedido". Assim, a necessidade instintiva de vínculo e de compensação é satisfeita de um modo mais amplo. Esta é uma maneira mais elevada e espiritual de realizar o eu. Ela exige um passo à frente ou, por outras palavras, um passo evolutivo do mais estreito ao mais amplo, uma superação dos limites da alma familiar para atingir as dimensões da grande Alma.

Vivos e mortos

Quando uma pessoa sente atração pelos mortos, podemos fazer com ela um exercício simples. Pedimos que feche os olhos, recolha-se lentamente em seu centro e através dele regrida para bem longe, para os mortos por quem se sente atraída. Lá chegando, ela se deita ao lado deles, espera até sentir-se tranqüila e unida a eles, e então aguarda que algo lhe venha deles, seja o que for. Ela acolhe isso até sentir-se totalmente preenchida. Então retoma o caminho de volta para os vivos, até chegar de novo ao seu centro e mais além dele, para cima — e abre os olhos.

Muitos vivos querem juntar-se aos mortos. Mas quando os vivos os respeitam, os mortos vêm até eles, com bondade. Eles chegam e ficam a uma certa distância, amavelmente presentes.

Alguns julgam que os mortos sofrem. Mas também podemos dizer: eles estão acolhidos. Somente os vivos ainda passam apuros.

Uma imagem muito difundida é a de que os mortos se foram: estão enterrados, foram embora. E colocamos uma pedra sobre eles para que não possam sair. É este o sentido original da lápide, que antigamente era plana. E é estranho imaginar que os mortos foram embora.

Martin Heidegger expressa isso com outras imagens. Ele diz: Algo vem do oculto, manifesta-se no não-oculto e volta a submergir no oculto. O oculto está presente à sua própria maneira. Mas não se vai: emerge e volta a submergir.

A verdade também segue essa lei. Ela emerge do oculto e volta a submergir nele. Por essa razão tampouco podemos agarrá-la. Alguns julgam que ela é eternamente válida e que eles a têm nas mãos. Não, ela só se mostra por um breve tempo e volta a submergir. Por conseguinte, a cada vez que emerge, é diferente. Ela é um reflexo do oculto, que vem à luz.

Assim, também a vida, provinda do oculto que não conhecemos, se manifesta no não-oculto e torna a submergir. O que é realmente grande é o Oculto. Comparado a esse grande, o que vem à luz é apenas algo passageiro e pequeno.

Também os mortos estão no oculto. Mas, partindo daí, eles atuam no não-oculto. Quando deixamos que os mortos atuem, a vida é sustentada por meio deles.

Entretanto, aquele que submerge no oculto antes do tempo peca contra esse movimento. Da mesma forma, aquele que se obstina em viver além do tempo, que segura a vida além do tempo, peca contra esse fluxo do vir à luz e do submergir de novo no oculto. De ambas as formas se vai contra esse fluxo. Retirar-se prematuramente é desprezar o que veio à luz. E, da mesma forma, apegar-se à vida quando o tempo já se esgotou. Quando o tempo se esgota, é preciso soltar-se e submergir.

Como terapeuta procuro manter os vivos em vida com a ajuda dos mortos quando isso for o certo e enquanto esteja em minhas mãos. Mas quando fica patente que o tempo se esgotou não seguro ninguém. Não me insurjo contra os destinos e contra o fluxo, como se pudesse ou devesse impedir a submersão, mas permaneço em sintonia com os destinos.

Pode-se ver que, nesses processos profundos onde estão em jogo a vida e a morte, eventualmente aparece uma solução que o paciente também acolhe por algum tempo, mas então submerge. Também aceito isso. Pois não sabemos se o destino que o indivíduo escolhe ou ao qual se submete é de fato o que mais lhe convém, e se o seu destino não possui uma grandeza oculta que quem está de fora não consegue ver.

Essa atitude tem algo de tranqüilizador e profundo. Então podemos visitar ambos os domínios, e mesmo em vida permanecemos conectados com a Origem.

A expiação

Às vezes, porém, um vivo precisa juntar-se aos mortos e ficar com eles. É o caso de um assassino. Se isso não acontece, irão em lugar dele seus filhos, netos ou bisnetos. Os assassinos estão indissoluvelmente ligados a suas vítimas. Por conseguinte, precisam deixar sua própria família e deitar-se junto delas. Isso parece duro, mas qualquer outro caminho tem conseqüências terríveis para pessoas inocentes, através de várias gerações.

Trago um exemplo: uma mulher jovem disse num grupo que, desde que nasceram suas duas filhas, passou a sentir, com muita certeza, que iria morrer logo, e que sobre ela pairava alguma coisa que ela não conseguia entender. Quando ela colocou sua família, observou-se que sua representante fixava o olhar em alguém que não estava presente.

Interrogada a respeito, a mulher disse: "Estou olhando para trás, no passado, para meu pai e meu avô". O pai dela tinha cometido suicídio quando ela tinha um ano de idade, e o avô pertencera à polícia especial nazista e tinha executado crianças e mulheres judias.

Então foram colocados representantes para o avô e o pai suicida, e dez representantes, lado a lado, para as crianças judias assassinadas. A representante da jovem mulher nem sequer olhou as crianças e nada comentou, como se, como o avô, não se compadecesse delas. Porém sua filha mais nova, bisneta do assassino, disse que sentia um forte impulso de associar-se às crianças judias mortas e ficar junto delas. Assim atua um crime através de gerações quando o assassino recusa a companhia dos mortos e as vítimas não são honradas.

Em seguida, foi dito à mulher que se deitasse diante das crianças mortas e, depois que ela chorou muito por algum tempo, que se ajoelhasse com seus filhos diante delas e as olhasse. Isso trouxe alguma paz aos mortos. Ficaram tristes e sentiram-se como se revivessem. E sentiram compaixão pela mulher e por seus filhos, principalmente pela mais nova, que quis ficar junto deles. Porém ainda não estavam bem, porque se sentiam ameaçados pelo assassino e sentiam um medo enorme. Somente quando ele foi mandado embora — o que simboliza a morte — os mortos se sentiram melhor. Sua atenção e sua simpatia voltaram-se então inteiramente para a mulher que chorava e para seus filhos, e esperavam dela algo que salvasse os seus filhos.

Nesse meio tempo, o pai da mulher, que se suicidara, quis colocar-se diante de sua filha e dos filhos dela, para impedi-los de seguirem na morte as crianças judias. Ele queria juntar-se aos mortos em lugar dela e de seu próprio pai. Entretanto, ao contrário do que muitos pensam, os mortos não queriam a morte dos inocentes.

Então os filhos da mulher foram colocados entre seus pais. Estes os tomaram pela mão, inclinaram-se profundamente diante das crianças judias mortas, olharam-nas nos olhos e disseram: "Por favor!" Porém a mulher ainda sentia o impulso de juntar-se aos mortos. Ela se colocou entre as crianças judias mortas e seu falecido pai, que antes já havia se juntado aos mortos. Ela sentia que merecia isso e se sentia aliviada ali. Mas os representantes das crianças judias mortas fizeram declarações bem diferentes, e eu as cito textualmente.

A primeira criança disse: "Sinto minha morte como algo impessoal, que não tem nada a ver com o assassino e menos ainda com sua neta. Para mim não faz sentido que ela se junte a nós. Ela deve ficar com a família dela. Não estou interessado na sua expiação. Isso não compete a ela".

A segunda criança disse: "Fiquei com os joelhos fracos quando ela veio e pensei logo: Ela não nos pertence".

A terceira criança: "Isso é realmente demais".

E a quarta: "Não quero esse sacrifício, isso não compete a ela".

A quinta criança disse: "Para mim ela tem uma missão junto a seus filhos, para acabar com esse sofrimento".

A sexta criança ficou muito triste e disse: "Ela não precisa seguir a gente e o pai dela. Seu lugar é com a família".

E a sétima criança: "Se ela realmente me olhasse saberia que não pode ficar aqui".

A oitava criança: "Senti-me aquecido, ela significa para mim algo muito próximo".

A nona: "Quando ela chegou aqui eu pensei: Você não pertence a nós".

A décima criança disse: "Quando ela veio para cá tive sentimentos agressivos".

Seu pai morto disse: "Senti dor quando minha filha veio para cá. Tenho vontade de dizer a ela: "Seu lugar é com a sua família. Isto aqui eu faço sozinho".

Através dessas respostas ficou claro para a mulher que é uma presunção juntar-se aos mortos quando não se pertence a eles. Ela voltou para o lado de seus filhos, encarou as crianças judias mortas e disse: "Depois de algum tempo eu também virei". Então encarou seus filhos e lhes disse: "Agora vou ficar mais algum tempo". A mesma coisa disse também ao seu marido.

Então o representante do avô foi chamado de volta. Ele disse: "Fiquei muito aliviado quando me mandaram para fora. Aqui eu não podia querer ou dizer coisa alguma, e lá fora senti a mesma coisa".

Encerro aqui este exemplo.

Neste contexto, gostaria de dizer mais uma coisa aos descendentes de vítimas. Muitos compatriotas judeus que perderam parentes nos campos de extermínio receiam olhar para seus mortos e prestar-lhes homenagem, por achar que, em face do destino deles, não têm o direito de permanecer vivos. Sentem-se culpados e desejam expiar, como se fossem criminosos. Com isso não conseguem visitar os mortos, e os mortos não podem visitá-los. Mas quando os sobreviventes e seus descendentes se defrontam com os parentes falecidos, encaram-nos a ponto de realmente vê-los, os reverenciam e os honram com amor, é como se os mortos ressuscitassem e terminasse para eles essa maneira má de estarem mortos, é como se pudessem enfim voltar-se para os vivos e abençoá-los para que fiquem, e para que neles continue a fluir a vida. Assim, o que mais consola os mortos é ouvirem o que os vivos lhes dizem numa constelação como esta: "Olhe, eu tenho filhos".

A *morte substitutiva*

Existe uma outra dinâmica que acarreta, nas famílias e nos grupos familiares, doenças graves, acidentes e suicídios. Quando uma criança percebe que seu pai ou sua mãe quer ir embora ou morrer — muitas vezes, porque deseja seguir alguém de sua família de origem — ela lhe diz interiormente: "Antes eu do que você", ou "Antes desapareça eu do que você". Então talvez fique doente, anoréxica, por exemplo, sofra um grave acidente ou se suicide.

Essa dinâmica acontece também entre parceiros. Vou dar um exemplo:

Uma mulher doente de câncer contou que seu marido se matara vinte anos antes. Ela era sua segunda mulher. Disse que o marido tinha se separado da primeira porque ambos acharam que tinham escolhido o parceiro errado.

Na constelação o homem ficou diante de sua primeira mulher, mantendo os olhos fixos nos pés dela. Ela, por seu lado, sentia-se muito leve nos pés, como se pudesse voar. Pediu-se ao homem que se ajoelhasse diante dela e colocasse a cabeça diante de seus pés. Nesse momento a mulher cobriu o rosto com as mãos, soluçando e tremendo muito. Então ajoelhou-se diante do marido, puxou-o para si, olhou-o nos olhos e o abraçou, soluçando muito. Em seguida levantou-se e o ergueu consigo. Ambos se abraçaram e a mulher colocou a cabeça no peito dele. Pediu-se à mulher que dissesse ao marido: "Eu recebo isso de você como um presente e o honro". Então se abraçaram longa e ternamente. Ficou claro para todos os envolvidos que o homem tinha se suicidado em lugar de sua mulher.

Esses são os mistérios do amor, que muitas vezes negamos levianamente. Por trás de muitas doenças condicionadas pela alma e pela história da família, é esse amor que atua, através da frase "Eu sigo você", da necessidade de expiar por alguém, ou através da frase: "Antes eu do que você". Nesse particular, pouco importa através de que doença ou de que ato temerário esse amor se manifesta. As dinâmicas básicas são iguais ou semelhantes, mesmo que sejam diferentes as doenças e os destinos.

A grande Alma

Entretanto, a alma também ultrapassa os limites da família e do grupo familiar. Ela está em interação com outros grupos e, em última instância, com a natureza e o mundo como um todo. Aqui a conhecemos como ilimitada, como a grande Alma, desvinculada do tempo e do espaço, onde todos os contrários se ligam e conseqüentemente se anulam, inclusive as oposições entre o bom e o mau, o antes e o depois, a vida e a morte.

É verdade que o corpo também se reporta ao reino dos mortos, porque eles continuam atuando no corpo. E também a família e o grupo familiar conservam por algum tempo os seus mortos, como se os vivos e os mortos precisassem uns dos outros, e como se o bem de uns também dependesse do bem dos outros. Mas para a grande Alma essa separação está abolida, sob todos os aspectos. Ela une até mesmo os que tiveram de ser excluídos. Nela eles voltam a unir-se a suas famílias.

Antes de tudo, porém, experimentamos a grande Alma como uma força que nos toma a seu serviço para algo que está além de nós. Ela nos carrega e nos guia quando conseguimos algo novo, grande e duradouro, como se não fôssemos nós que atuássemos, mas ela em nós. Isso vale também para o mal e os maus — por mais que nos custe reconhecer isso.

A *paz*

É somente a ligação com a grande Alma que nos permite encarar abertamente nossos enredamentos e superá-los pela conversão a algo maior.

Observamos freqüentemente que pacientes que conseguiram dar um primeiro passo para livrar-se de seus envolvimentos voltam a se enredar neles depois de algum tempo. É que, por pior que pareça a quem olha de fora, eles dão à pessoa a sensação de pertencimento, de amor e de poder. Pois a consciência, mesmo quando nos assalta de modo cego e instintivo, nos transmite sobretudo uma sensação infantil de plenitude e felicidade, paz e acolhimento.

Somente na medida em que estendermos à consciência nosso processo de esclarecimento e nos desprendermos dela ingressando no domínio da grande Alma, é que as necessidades instintivas de pertencimento, reconhecimento e compensação perderão os efeitos que geram doenças e ameaçam vidas. Somente nesse nível superior o amor que cega torna-se vidente, a compensação que prolonga o mal se transforma numa compensação que o elimina, e a presunção de revogar e mudar os destinos de outros cede lugar à humildade que conhece os limites de nosso amor. Somente essa humildade nos põe em sintonia com a saúde *e* a doença, o bem *e* o mal, a vida *e* a morte. Mas isso é, em última análise, uma realização religiosa, em que o eu e a grande Alma se fundem.

PSICOTERAPIA E RELIGIÃO

Tanto a psicoterapia quanto as religiões buscam a salvação e a cura da alma e, por meio dela, a salvação e a cura para o ser humano em sua totalidade. Isso as une. Contudo, também se diferenciam, pois a psicoterapia, por suas origens, se reconhece devedora à Ciência e à Filosofia das Luzes e assume uma postura crítica diante das religiões tradicionais. Isso foi benéfico para elas sob muitos aspectos, pois a psicoterapia com seus conhecimentos as força a se purificarem, afastando-se de imagens, esperanças e temores míticos e retornando a seus inícios e a suas raízes.

A alma e o eu

Contudo, também para a psicoterapia se coloca a questão de saber até que ponto ela própria permaneceu sob o encanto de esperanças e imagens arcaicas, e também carece de uma desmistificação. O próprio "eu", da forma como fascina alguns terapeutas, é também uma imagem mítica que alimenta esperanças míticas e procura dominar os medos de uma forma que beira a superstição.

Também me parece um mito a forma de encarar a alma, na religião e também na psicoterapia, como algo pessoal. Pois, quando olhamos sem preconceitos a forma de sua atuação, observamos que não somos *nós* que temos e possuímos uma alma, mas é a alma que *nos* tem e possui; que ela não está a nosso serviço mas, pelo contrário, nos toma a seu serviço. Assim, existem numerosas questões que afetam tanto a religião quanto a psicoterapia.

O método

Meu método é fenomenológico. Isto significa que, na medida do possível, prescindo do habitual, inclusive de teorias e convicções, e me exponho à realidade experimentável da forma como ela se manifesta e como se modifica no decorrer do tempo. Então aguardo que, a partir do oculto, algo se manifeste e que, de repente, como um relâmpago, atinja o ponto e ilumine, como verdadeiro e essencial. Esse algo me faz sintonizar com uma realidade que ultrapassa em muito o saber, os planos e o querer do eu, e se comprova por seus efeitos.

A alma e o eu na religião

Começando pela religião, faço a seguinte pergunta: O que se passa com uma pessoa quando ela se vê como religiosa?

Quando observamos pessoas religiosas, vemos que são conscientes de dependerem de forças cuja atuação permanece misteriosa. Em face de tais experiências elas assumem uma atitude de profundo respeito, humildade ou devoção na presença de algo misterioso que não compreendem. Essa é a autêntica atitude religiosa. Ela nos convida a dar antes um passo para trás do que para a frente. Ela não reivindica, está em harmonia e em paz. Denomino-a religião da alma.

Há, porém, um domínio da alma que dificilmente tolera essa reserva. Em lugar disso, procura apoderar-se da realidade que está por trás dessas manifestações, influenciá-la e colocá-la ao próprio serviço por meio de ritos, sacrifícios, expiação e orações. É o que eu chamo de religião do eu.

Algo que vibra na religião da alma também se encontra na religião do eu, porque também reconhece uma realidade que nos transcende. Ao mesmo tempo, porém, ela tenta abolir o caráter oculto dessa realidade e dispor sobre ela. Isso é realmente uma contradição. Daí resultam degenerações da atitude religiosa, na medida em que buscamos desvendar o mistério e dispor dele em vez de respeitá-lo. Com isso se indica às religiões e à prática religiosa um caminho de purificação, que retorna do eu para a alma.

As religiões reveladas

Especialmente importantes para nós são as religiões reveladas. São as que têm sua origem em alguém que proclama aos outros ter recebido de Deus uma revelação, e exige deles fé nessa revelação, freqüentemente sob a ameaça de condenação eterna. As religiões reveladas — em nosso caso, particularmente o Cristianismo — são, no mais alto grau, religiões do eu. Não somente o Deus, de quem se afirma ter-se revelado, é um eu, com todas as suas características. Também o revelador fala como um eu e exige dos outros que submetam o próprio eu ao dele.

Entretanto, quando contemplamos sem preconceito esse fenômeno, constatamos que o revelador fala somente *de si* e que a fé que ele exige é, em última análise, uma fé *nele*. Ele afirma também que Deus não fará uma revelação semelhante a mais ninguém, e portanto que todos os outros estão excluídos de uma revelação semelhante, e que o próprio Deus se submete a essa revelação para sempre. Assim, através de sua revelação, o revelador não se coloca apenas acima de seus adeptos, mas também acima do Deus que ele proclama. Por conseguinte, são principalmente as religiões reveladas que precisam de esclarecimento e purificação.

A comunidade religiosa

Quando investigamos mais de perto o desenvolvimento do indivíduo, notamos que seu sentimento religioso, sua fé e seus atos religiosos começam na família, que predetermina suas convicções religiosas. Antigamente a religião era uma das condições para se pertencer à família. Transgressões contra a religião eram encaradas e punidas como uma deserção da família. Assim, o abandono da religião era vivido — e, em parte, ainda o é — antes de tudo, como deserção da família, e estava associado ao medo de perder o direito de pertencer-lhe.

Analisando bem, vê-se que esse medo não está em conexão com os conteúdos religiosos, pois se manifesta de forma semelhante em famílias que pertencem a diferentes religiões, independentemente de suas doutrinas e práticas. O grau mais forte ou mais fraco em que é sentido depende do grau de seriedade com que a família encara a religião. O mesmo vale para as atitudes conhecidas como irreligiosa e como ateísta. Também elas atuam criando obrigação, na medida em que são condições para se pertencer à família.

Essas são, portanto, religiões de certos grupos. E freqüentemente é por meio delas que esses grupos se diferenciam dos outros, sentem-se superiores a eles e tentam expandir a influência da própria religião e do próprio grupo, a expensas de outros, e às vezes chegam a justificar a opressão de outros grupos. As convicções políticas também são defendidas, às vezes, com um zelo semelhante e produzem os mesmos efeitos.

Cada um desses grupos atua como um eu ampliado. Por conseguinte, a religião de grupos é uma religião de eu num sentido mais forte. Nela, o que interessa é não somente apoderar-se de uma realidade oculta, mas também exercer poder sobre outras pessoas e grupos.

A religião natural

Contudo, encontra-se dentro das diferentes religiões, indo além da vinculação à família e ao grupo, uma profunda devoção pessoal. Por lealdade ao próprio grupo ela respeita as formas exteriores da religião, mas interiormente se eleva bem acima de seus conteúdos. As correntes místicas no Cristianismo e no Islã, por exemplo, são tão próximas que dão a impressão de que as diferenças entre suas religiões de origem foram quase totalmente abolidas.

Existe, portanto, para além do elemento segregador contido nas tradições, nos artigos de fé e nos ritos, uma experiência religiosa e uma atitude religiosa que é pessoal e não depende da religião do grupo. Ela se liga à experiência do mundo e dos limites que ele nos impõe. Essa experiência é partilhada por todos os seres humanos. Como essa atitude religiosa é acessível a todos da mesma forma, pode ser chamada de religião natural. Ela não carece de uma doutrina nem de uma prática. Em contraste com outras religiões, não existe nela qualquer sentido de superioridade diante dos outros, qualquer reivindicação de poder, qualquer propaganda. Nela cada pessoa é um indivíduo. Por essa razão a religião natural une onde as outras separam.

A religião natural é uma realização pessoal, e talvez a mais elevada delas. Descrevo a sua característica com o exemplo dos inícios da filosofia. Os primeiros filósofos de que temos notícia no Ocidente conseguiram prescindir interiormente das idéias tradicionais sobre o ser humano e a natureza e se expuseram à realidade tal como ela se mostrava diante deles, sem preconceitos e sem medos. O que eles experimentaram foi, inicialmente, o espanto, a surpresa pelo fato de algo existir. A vida emerge a partir de algo que permanece oculto, e ela volta a imergir nesse oculto.

Esse espanto em face da realidade, tal qual ela se manifesta, é um ato de devoção diante daquilo que é, sem tentativa de esquivar-se ou de interpretar. Essa devoção silencia diante de um mistério e não busca saber mais do que ele espontaneamente nos mostra. Ela aceita os limites que nos impõe a realidade experimentável, sem querer suprimi-los ou ir além deles. Isso é profundamente religioso, mas de uma forma natural e humilde.

Religião como fuga

Em contraposição, muita coisa nas religiões tradicionais é uma tentativa de escapar dessa realidade e de ser salvo dela. É uma tentativa de modificar a realidade experimentável de acordo com os próprios desejos e imagens; de reinterpretá-la, em vez de se defrontar com ela; de desvendar seu mistério, em lugar de respeitá-lo. Porém, antes de tudo, é a tentativa de insurgir-se contra o fluxo da transitoriedade, a tentativa do eu de apoderar-se de uma realidade inapreensível e colocá-la ao próprio serviço.

Por trás dessas idéias estão esperanças e medos arcaicos e mágicos de uma época em que o ser humano ainda se sentia totalmente dependente e por isso buscava aprisionar, com ritos e recursos mágicos, a realidade amedrontadora e perigosa. Dessas profundezas arcaicas da alma surgiu a necessidade de sacrifício, de aplacamento, de expiação, de busca de influência.

Essas necessidades, no correr do tempo, foram reforçadas pela força do hábito e se transformaram em convicções, sem que o ambiente fornecesse indicações de realidades correspondentes.

Seguramente, essas imagens arcaicas resultam, em larga medida, da transferência de experiências humanas para o oculto. Pois essa atitude religiosa transfere para o Outro oculto, que pressentimos mas não conhecemos, as experiências de compensação, aplacamento, expiação e busca de influência que experimentamos nas relações humanas.

Contra esse quadro de fundo se depreende mais nitidamente o trabalho exigido do indivíduo pela religião natural, envolvendo a purificação do espírito e a renúncia à influência e ao poder.

Filosofia e psicologia

É sem dúvida um mérito da filosofia e da psicologia terem aplainado o caminho para uma observação imparcial da realidade e de seus limites, contribuindo com isso para o reconhecimento da religião em sua forma natural. No campo da psicologia cite-se Freud, que identificou como projeções muitas idéias religiosas, e ainda também C. G. Jung, que reconheceu as imagens de Deus como ideais do eu e como arquétipos preexistentes.

Foi nos livros de Wolfgang Giegerich, *Die Atombombe als seelische Wirklichkeit (A bomba atômica como realidade da alma)* e *Drachenkampf oder Initiation ins Nuklearzeitalter (Luta de dragões ou iniciação à era nuclear)*, que encontrei a análise mais radical da religião judeu-cristã, de seus fundamentos e conseqüências, uma investigação profunda sobre o espírito do Ocidente cristão. Giegerich demonstra, por exemplo, que a ciência natural e a técnica modernas são apenas a continuação dos propósitos básicos do Cristianismo no sentido de uma religião do eu. Longe de questionar esses propósitos, elas os retomam e levam às últimas conseqüências.

Eu próprio, comparando as idéias e comportamentos religiosos com as relações dentro da família, verifiquei que as relações com o mistério religioso estão calcadas nas imagens e experiências familiares.

Com isso, a própria imagem de um Deus único como pessoa precisa ser questionada. Esse Deus é descrito com características, intenções e sentimentos que nasceram da experiência com reis e governantes. Assim, esse Deus está em cima e nós embaixo. Ele é visto como alguém preocupado com a própria honra, que pode ser ofendido, preside a um tribunal, recompensa e castiga de acordo com nosso comportamento para com ele. Como um governante ideal, também precisa ser justo e benfazejo conosco e proteger-nos contra intempéries e contra nossos inimigos. Por isso também o chamamos, sem inibições, "nosso" Deus. Como um rei, ele também tem uma corte, os anjos e os santos, à qual muitos ambicionam pertencer, como seus escolhidos.

Outros padrões de nossa experiência que transferimos para nossa relação com o Outro oculto são a relação de uma criança com seus pais e sua relação com a família e o grupo familiar. Imaginamos então o Outro oculto como um pai ou uma mãe, e nos ligamos à comunidade dos crentes como a uma família e a um grupo familiar. Observamos ainda que muitos buscadores de Deus sentem falta do pai, e sua busca de Deus cessa quando encontram seu pai verdadeiro. Ou que muitos ascetas, como Buda, sentem falta da mãe.

Em alguns casos, transfere-se para o Outro oculto o padrão do dar e receber que prevalece nas relações de negócios. Isso acontece, por exemplo, nos votos religiosos. Ou se transfere para o Outro oculto o padrão do relacionamento entre o homem e a mulher, por exemplo, na imagem das "núpcias sagradas" e na união amorosa com Deus.

Mais raramente, comportamo-nos diante do Outro oculto como pais diante de um filho mal-educado, ditando-lhe o que ele precisa fazer e como precisa se comportar para que possa ser nosso Deus. Nesse caso dizemos, por exemplo: "Deus não devia ter permitido isso".

Essas observações levam a uma desmitificação das religiões, principalmente das religiões reveladas, pois mostram que as idéias religiosas tradicionais nos falam mais de si mesmas do que de Deus ou do divino. Essas observações nos forçam a uma purificação dessas idéias e de nossa atitude diante da religião. Isso também significa que somos de novo remetidos à experiência religiosa original e aos limites que ela nos indica e impõe.

Vou contar uma pequena história a esse respeito. Ela se chama:

O *vazio*

Alguns discípulos deixaram um mestre
e, ao voltarem para casa,
perguntaram-se, decepcionados:
"O que fomos buscar com ele?"
Um deles comentou:
"Embarcamos cegamente num coche
que um cocheiro cego
com cavalos cegos
cegamente tocava para a frente.
Mas se nós mesmos, como os cegos,
andássemos tateando,
ao chegar à beira do abismo,
talvez percebêssemos,
com a nossa bengala,
o vazio".

Psicoterapia e religião revelada

Quando olhamos da mesma forma e sem preconceitos para a psicoterapia, vemos que algumas escolas psicoterapêuticas se tornaram semelhantes à religião que pretendiam superar, e principalmente às religiões reveladas. Essas escolas também têm seu revelador e fundador, e discípulos que aderem a elas e às suas doutrinas. Nestas pode haver muita coisa certa. Mas o olhar de quem adere a elas se estreita, e ele exclui ou mesmo combate o que não está de acordo com elas. Assim nascem as escolas psicoterapêuticas, que freqüentemente se comportam entre si como religiões. Então existe no interior dessas escolas uma ortodoxia, uma fé correta e uma prática correta, e existem institutos que fiscalizam essa doutrina e essa prática e excluem os que delas se desviam.

Há ainda outras claras semelhanças com as religiões: a iniciação doutrinária, o teste da confiabilidade e de uma moral em consonância com a escola, o rito de admissão, as ordens superiores, a consciência de ter sido escolhido e a luta por influência e poder.

Como dentro das religiões, também encontramos nessas escolas adeptos que, devido a uma compreensão pessoal, se afastam da doutrina e da prática prescritas mas receiam admiti-lo no círculo de seus colegas, pelo temor de serem condenados e excluídos.

A competência

No essencial, a psicoterapia se baseia em técnicas adquiridas através de uma observação e de uma experiência mais cuidadosas, constantemente desenvolvidas e apuradas através da compreensão e da prática. Daí surge uma tendência de distanciar-se de convicções e de teorias em favor de uma técnica instrumental que é preciso aprender, conhecer, praticar e dominar. Nesse processo o terapeuta não poderá lidar bem com a multiplicidade das percepções e das necessidades se dominar um único método. Isso leva a um intercâmbio e a uma aproximação entre as escolas, a um certo ecumenismo, onde os limites se tornam cada vez mais permeáveis. Muitos psicoterapeutas trabalham de uma forma puramente instrumental. Sem vincular-se a uma escola, aprendem vários métodos e os associam na prática, de acordo com a necessidade.

Corpo e alma

Além das técnicas instrumentais, a psicoterapia também precisa da assistência espiritual. Isto se aplica sobretudo à psicossomática, aquela psicoterapia que pretende, em colaboração com a medicina, aliviar e também curar doenças do corpo através da alma.

Pois fazemos a experiência de que certos acontecimentos, por exemplo, uma separação prematura da mãe, produzem posteriormente efeitos não apenas sobre a alma mas também sobre o corpo. Nesses casos pode-se tentar trazer à luz, mais uma vez, aquilo que na época fez sofrer a alma e mais tarde atuou também sobre o corpo. A pessoa o encara de novo, reconcilia-se com isso na medida em que o aceita tal como foi, e encontra então, a partir da sintonia com esse destino, também o alívio e a cura para o corpo.

Ilustro com um exemplo:

Durante um curso em Londres, uma mulher numa cadeira de rodas contou que aos dois anos teve paralisia infantil e sobreviveu à doença sem conseqüências sérias. Entretanto, há alguns anos começou a sentir-se incapacitada, passando a usar uma cadeira de rodas. Eu lhe perguntei: "Você agradeceu naquela época por sua cura?" Como em muitos outros casos, isso não tinha acontecido.

Quando uma pessoa foi salva de uma situação ou doença com risco de vida, freqüentemente ela diz que superou a doença ou, com uma expressão ainda mais crassa, que a venceu. Então o eu se sente como herói e no controle, e a alma, que é o que realmente atua, se retrai e entrega o eu a seu destino. O resultado é que muitas vezes algo maior convence o eu, de forma muitas vezes dolorosa, a mudar de atitude.

Sugeri a essa mulher que fechasse os olhos e dissesse interiormente: "Se minha incapacidade é o preço de minha sobrevivência, eu o pago de boa vontade". Como ela resistia, contei-lhe a história de um homem ainda jovem que ficou tão incapacitado pela poliomielite que só conseguia mover ligeiramente a cabeça e uma das mãos. Quando lhe perguntei qual era a história que tocava mais fundo sua alma, ele me contou a seguinte história zen:

Um alpinista cai e fica pendurado pela corda sobre o abismo. Acima dele, vê alguns ratos roendo a sua corda. Então avista no penhasco dois morangos silvestres, ao alcance de sua mão. Colhe-os, coloca-os na boca e diz: "Como estão doces!"

Então perguntei à mulher: "Quando você imagina, de um lado, que sua vida transcorreu com saúde e, de outro lado, a vê tal como realmente foi, qual dessas duas é a mais preciosa?" Ela resistiu por muito tempo com desculpas. Então chorou e disse: "Esta aqui é mais preciosa".

Esse é um ato religioso, que se afasta do eu e de seu controle em favor da entrega e da sintonia. Mas é justamente desse ato que nasce uma força que alivia e cura.

Por vezes, a alma também quer adoecer e morrer devido a uma sintonia com algo maior e a uma atitude religiosa que renunciou a atuar. Pois, às vezes, a alma precisa de uma doença para purificar-se ou deseja morrer porque sente que seu tempo acabou.

Há pouco tempo, uma mulher que sofria de câncer contou-me um sonho estranho: olhava no espelho e via-se sem cabeça. Eu lhe disse: "Isso é um sonho de morte". Ela disse: "Mas no sonho eu não sentia medo". Eu lhe disse: "Justamente. A alma, em sua profundeza, não tem medo da morte".

Existe na alma um movimento de anseio para retornar à origem. Quando chega o momento certo, a alma se volta para a origem e fica em paz. Nesse movimento existe uma incrível beleza e profundidade. É absolutamente o movimento mais profundo.

Algumas pessoas, porém, querem fazê-lo antes do tempo. Elas interferem no movimento natural, e com isso prejudicam a alma. É preciso ajudá-las para que se detenham. Pois quem toma esse caminho antes da hora peca contra esse movimento, que é totalmente tranqüilo e pacífico. E quem se entrega tranqüilamente a esse movimento natural sente, às vezes, que ele se detém espontaneamente.

Outro exemplo sobre o tema: Num programa de TV sobre curas espontâneas foi apresentado um paciente que tinha sido operado de câncer. Quando os médicos reconheceram que nada mais podiam fazer, desenganaram-no e lhe deram alta. Sabendo que sua vida estava no fim, ele sentou-se em casa com sua esposa e fez o seu testamento. Ao terminar, sentiu uma espécie de tranco no corpo e a partir daí as células cancerosas começaram a morrer. Segundo o atestado dos médicos, ele ficou totalmente curado.

O que acontecera? O homem entrou em sintonia com a morte, com o destino e o fim, com a origem última da qual a vida emerge e na qual volta a imergir. A partir dessa sintonia, seu movimento para a morte se inverteu e o reconduziu à vida.

A comunidade de destino

Existem também acontecimentos e destinos na família de origem dos pacientes que, embora não tenham sido vividos pessoalmente por eles, provocam neles doenças graves. Aqui o eu também desempenha um papel, mas de forma inusitada. Muitas vezes os pacientes tentam, por exemplo, anular o que os separou dos pais ou dos filhos falecidos, dizendo interiormente a eles: "Eu sigo você". Muitas vezes convertem esta frase em realidade, seja através de uma doença fatal, seja através de um grave acidente ou de suicídio. Ou então tentam mudar o destino trágico de uma pessoa querida com recursos mágicos, mesmo depois do fato, dizendo interiormente a ela: "Antes morra eu do que você". Também essa frase é às vezes convertida em realidade através de uma doença, de um acidente ou de suicídio. Ou ainda tentam expiar culpas, próprias ou alheias, através de uma doença ou da morte, como se fosse possível compensar ou anular um destino funesto através de outro igual.

Também nesses casos não se consegue êxito apenas com técnicas instrumentais. É necessária uma abordagem psicossomática que esteja consciente do fundo religioso da doença e da cura, e que o leve em consideração. Essa abordagem procura com cuidado que essa pessoa abandone uma atitude religiosa que tenta abolir magicamente a realidade da morte, da culpa e do destino, e adote uma atitude religiosa que se ajuste a essas realidades. Através disso ela reencontrará o caminho para o que lhe é próprio: para a própria grandeza e força, a própria vida, a saúde e a felicidade. Somente a partir dessa postura terapêutica é que o trabalho com as constelações familiares poderá desenvolver sua força reconciliadora e curativa.

O centro vazio

A pergunta que se coloca para os psicoterapeutas é como poderão chegar a essa atitude, com a possibilidade de desencadear e manter tais efeitos. Não elaboro grandes pensamentos a respeito, porque me atenho ao conselho de um amigo meu, um certo Lao-Tzu, morto há muito tempo. Ele fala no *Tao-te-king* sobre os efeitos de se retrair e de se recolher num centro vazio.

Quem se recolhe ao centro vazio permanece sem intenções e sem medo. Espontaneamente, e sem que ele se mova, a multiplicidade se ordena em torno dele. Esta é a atitude que o terapeuta pode assumir diante de destinos pesados e doenças graves: recolher-se ao centro vazio. Nesse processo ele não precisa fechar os olhos, pois o centro vazio não está encapsulado, mas conectado. Assim, o terapeuta entra simultaneamente em contato com o destino e a doença, abrindo para eles, por assim dizer, sua máxima superfície, e sem medo. Isto é especialmente importante, pois quem tem medo do que poderia acontecer perdeu sua força e sua vigilância.

No centro vazio estamos em conexão com forças que transcendem em muito o eu e seu planejamento. Quando nos confiamos a elas, emergem de repente imagens de solução, frases de solução e também indicações para agir, que então seguimos. Nisso também acontecem erros, é natural, mas eles podem ser regulados a partir do eco que produzem. Assim, o terapeuta não precisa ser perfeito nessa atitude. Ele não se arroga nada, simplesmente fica tranqüilo nesse centro. Então essa forma de terapia é bem-sucedida.

Chamo de humildade essa atitude destituída de propósitos, que aceita a pessoa doente como ela é, aceita a sua doença como ela é, e aceita o seu destino como ele é. Ela surge da sintonia entre a alma e o eu e é um ato genuinamente religioso.

Para terminar, contarei ainda uma história a respeito desse tema. É uma história filosófica, ou religiosa, ou terapêutica — pois nela essas diferenças foram abolidas.

A história se chama:

O círculo

Uma pessoa perplexa perguntou a alguém
que a acompanhava num trecho do caminho:
"Diga-me: O que conta para nós?"

O outro lhe respondeu:
"O que conta é, em primeiro lugar,
que temos vida por algum tempo.
Assim, ela começa
quando já havia muitas coisas
e quando cessa cai
na multiplicidade que havia antes.

Quando um círculo se fecha,
o fim e o princípio

se tornam uma única coisa.
Assim, o que vem depois da nossa vida
se liga sem costura
ao que havia antes,
como se não houvesse passado
nenhum tempo no meio.
Assim, só temos tempo agora.

O que conta é, em seguida,
que, junto com o tempo, foge de nós
o que nele produzimos,
como se pertencesse a um outro tempo
e como se, quando pensamos estar agindo,
fôssemos mantidos apenas como instrumentos,
usados para algo que está além de nós,
e postos de lado outra vez.
Quando somos dispensados, nos consumamos".

A pessoa perplexa perguntou:
"Se nós e o que produzimos
duramos um tempo e acabamos,
o que conta quando nosso tempo se encerra?"
O outro respondeu:
"O que conta é o antes e o depois,
como uma só coisa".

Então se apartaram seus caminhos
e seus tempos,
e ambos pararam
e fizeram pausa.

Impresso por :

Graphium
gráfica e editora

Tel.:11 2769-9056